T0270099

Denis Criado

Danza del amor
El fluir del *vinyasa yoga*

editorial Kairós

© 2021 Denis Criado

© 2022 Editorial Kairós, S.A.
www.editorialkairos.com

Fotocomposición: Moelmo, S.C.P. 08009 Barcelona
Diseño cubierta: Editorial Kairós
Impresión y encuadernación: Romanyà-Valls. 08786 Capellades
Primera edición: Enero 2022
ISBN: 978-84-9988-980-1
Depósito legal: B 460-2022

Este libro ha sido impreso con papel que proviene de fuentes respetuosas
con la sociedad y el medio ambiente y cuenta con los requisitos necesarios
para ser considerado un «libro amigo de los bosques».

Al corazón del ser humano
en el que el amor universal se expresa
y cuyas acciones, las más bellas y puras,
liberan a los que sufren
y se reflejan en la vida
con humildad, integridad y generosidad.

A mis maestros, mis hermanos
y el resto de mi familia espiritual
a quienes me une el Yoga
y el propósito de transmitir la tradición ancestral
basada en la luz eterna, el respeto mutuo
y el amor incondicional

Y a mis alumnos de Yoga,
cuyos cuerpos y almas son una tierra fértil,
acompañando, creciendo y transformándonos juntos.
Que las semillas de amor contenidas en este libro
echen raíces, y sus frutos sean recogidos
por las futuras generaciones

Sumario

Un yogui es un maestro del amor,
un maestro que fluye con lo que le toca vivir,
con sabiduría y compasión.
Aquel que, en cada acto, a cada instante,
se expresa con el mayor arte del Yoga:
el arte de amar.

Y al amar fluye con toda la creación:
las estrellas de la noche laten, las olas del mar laten,
y los valles de flores laten.

La vida no es más que una continua celebración,
si la gozamos,
viviremos cada acción con nuestro corazón,
y nuestra forma de ser se transformará
en el amor más bello, puro y auténtico
de nuestras vidas.

Prólogo

Hay una historia que quiero contarte, que me pasó en el amanecer de una rojiza mañana de otoño, cuando tenía veintiún años. En esa época, residía largas temporadas en uno de los *ashrams* de Yoga en California que habían creado los primeros yoguis de la India que se asentaron allí al comienzo del siglo XX. Era muy joven y llevaba pocos años practicando Yoga, pero aquella mañana fue diferente. Tuve una experiencia extraordinaria, que me reveló una dimensión completamente distinta a mi práctica de Yoga.

Ese día hice mi *sadhana* a las cuatro de la mañana, justo antes del amanecer, acompañado de mis hermanos y hermanas yoguis. Nuestra *sadhana* consistía en hacer primero unas invocaciones al dios Shiva, a Patañjali, a los maestros de linaje y a todos los maestros de Yoga, seguida de una corta meditación y de una secuencia de posturas de Yoga en coordinación con la respiración, mientras escuchábamos algunos mantras de fondo, que al mismo tiempo despertaban sensaciones de gratitud en el maravilloso camino yóguico que habíamos emprendido. Estábamos comprometidos con ser mejores personas, reduciendo nuestro sufrimiento kármico, para ser más libres, felices y cultivar un estilo de vida holístico basado en el Yoga, con la intención de que algún día pudiéramos ofrecerlo a los nuevos practicantes.

Desde la casa de madera creada con arquitectura védica, nos levantamos en silencio. El primero que se levantaba preparaba un *chai* al fuego, en silencio, justo antes del amanecer y a la luz de algunas velas. Todo sin hablar, pero mirándonos a los ojos en señal de reconocimiento. A los pocos minutos, paseábamos por el gran bosque en dirección al templo para hacer la práctica, llevando nuestra esterilla colgada del hombro, *chai* caliente en un termo, y arropados con un chal color crema suave. Nunca olvidaré esa época por nuestro compromiso con el Yoga y la vida. Aunque éramos muy jóvenes, teníamos fe en el camino que habíamos elegido. Cuando surgía la duda o el miedo, nos apoyábamos los unos en los otros. Sentíamos que algo más grande que nosotros nos guiaba a través de las enseñanzas del Yoga.

Pero en aquel otoño, al empezar a hacer las posturas, comencé a sentir un ritmo diferente y accedí a un estado meditativo profundo, como nunca lo había experimentado. Fue un instante en el que sentí como si mi cuerpo hubiera traspasado la frontera del tiempo y del espacio. Entré a otra dimensión y no era que simplemente yo me movía, sino que algo en mi interior me guiaba. Mis movimientos no estaban preprogramados por condicionamientos aprendidos sobre cómo tenía que hacer exactamente las posturas. Mi cuerpo se movía en medio de esos profundos estados meditativos y los movimientos fluían sin esfuerzo, mientras mi mente estaba en total quietud.

Mi cuerpo se flexionaba y curvaba de forma suave y lenta, pasando de una postura a otra, como si las posturas florecieran, brotando sin más. Algunas no las conocía y nunca las había visto ni aprendido en ningún libro de Yoga. Estaba tan absorto en la experiencia que perdí la consciencia de lo que me rodeaba o de dónde estaba y terminé los movimientos espontáneos viéndome entrar en la postura de loto.

Fue tan profundo, tan sutil, tan perfecto, que no tuve el deseo de abrir los ojos, pues sentía una gran paz en medio del movimiento y, exteriormente, me sentía bañado por calor y energía interior. Percibía que la energía fluía como nunca por toda mi piel, como si hubiera recobrado vida y tuviera como ríos fluyendo en todas direcciones. Al sentarme en loto, una explosión de éxtasis me invadió, las lágrimas recorrían mi rostro y sentí que mi corazón se abría de par en par a los rayos del sol, las lejanas montañas y el vasto cielo que podía ver desde la ventana de la sala de meditación. Yo era parte de toda la creación.

Por primera vez, me sentí integrado con el cuerpo, la mente, el corazón y el espíritu. Fue como si desaparecieran por un instante todos los conflictos internos, dudas y preocupaciones y pudiera sentir la pura dicha. Como si mi yo hubiera dejado de existir, para convertirse en las mismas posturas. Ahí pude entender como nunca esa frase de la *Bhagavad Gita*: «el yo no es el que hace». Aquella mañana yo no hice las pos-

turas, la práctica las hizo con una fuerza energética que tras-
cendía mi comprensión. La intensa revelación que tuve ese
día todavía me conmueve. Cuando volví a ser consciente de la
sala, abrí los ojos y vi a mis hermanos y hermanas del *ashram*
también absortos en meditación. Me costaba volver a hablar
y ni siquiera quería parpadear, estaba lleno de amor y profunda paz.

Después de unos momentos, todos sentíamos un aura de
energía que nos envolvía, nos acercamos en silencio al altar
y recitamos unos versos en sanscrito, luego, con reverencia y en
silencio, nos fuimos de la sala. Me brillaban los ojos, me parecía flotar y percibía mucha energía en el entrecejo y en mi
cabeza. No existía ninguna división entre nosotros, los árboles
o los pájaros que cantaban con los primeros rayos de luz. Sentía que era amor puro, amor incondicional. Desde ese día, algo
en mí se abrió y mi vida cambió para siempre.

Comprendí tiempo más tarde que el proceso de *despertar
espiritual*, como el que tuve aquel lejano otoño, puede suceder
en cualquier lugar, influenciado por el entorno, ya sea por la
presencia de un maestro, por un estilo de práctica, por un grupo, o por la misma naturaleza. Y empecé a apreciar las enseñanzas que antes no comprendía, como esta historia que ilustra esta experiencia y que en muchas ocasiones se escuchaba
en el *ashram*:

Se cuenta la historia de un maestro de Yoga que todas las mañanas hablaba a sus discípulos después de la práctica. Cierta ma-

ñana subió al estrado y, justamente cuando iba a comenzar a hablar, un pájaro se posó en la rama de una gran baniano y comenzó a cantar, con toda su alma. Después se calló y se fue volando. El maestro dijo entonces: «Se ha terminado la charla de esta mañana».

En este proceso espiritual a través del Yoga, descubrí que mi unión es con mi ser más puro, el mismo que hace posible el entorno que me rodea, y que la naturaleza de mi mente me separa de esa unión. Con los años, la práctica y las enseñanzas que recibí, aprendí a ser más consciente de los pensamientos, miedos, sentimientos o sensaciones que pueden surgir en mi cuerpo y mi mente. Aprendí a respirarlos, a reconocerlos. Desde esa mañana, mi vida empezó a abrirse más a la frecuencia del sentir y menos a la del pensar. Pero, cuando perdía esa conexión, descubrí los valiosos recursos que tenía a través de la práctica del Yoga para sintonizar de nuevo, con paciencia, y volver a sentirme conectado interiormente, tal como recoge esta bella historia:

Un hombre estaba haciendo un viaje largo y difícil. Una noche el hombre se perdió y llegó a un bosque. En un momento, se sintió al borde de la desesperación. Entonces, vio una luz en la distancia. Marchó hacia la luz y se encontró con una cabaña ubicada en un claro. Apurado, golpeó la puerta y un viejo yogui apareció y le preguntó: «¿Qué pasa amigo?». «Estoy perdido, contestó el viajero, es una noche sin luna y no puedo encontrar el camino». El yogui no dudó y le dijo: «Entra, mi cabaña es humilde, pero cálida y tengo comida para dos. Puedes pasar la noche conmigo». El viajero no aceptó y le explicó que debía llegar a su destino cuanto antes. Luego, preguntó al yogui si podía ayudarlo a encontrar su camino. El yogui entró en su cabaña y salió un momento después. No podía ir con el viajero, pero le ofreció una lámpara para que el hombre pudiera iluminarse. Sin embargo, este se sintió desconcertado, pues la lámpara solo podría iluminar tres metros y su viaje era mucho más largo. En total calma, el yogui le explicó que la lámpara le permitiría caminar tres metros, a partir de allí, podría ver otros tres metros. De este modo, podría llegar a su destino.

Tú eres un peregrino, un viajero, como el de la historia, haciendo un trayecto espiritual. Es inevitable que llegues a sentirte perdido durante ese camino. Aparecerá la desesperación y la confusión. Sin embargo, este trayecto solo puede ser realizado por ti. No vas a recibir más que una linterna que permitirá que veas un poco de aquel maravilloso e incierto camino.

Habitar el cuerpo es habitar el momento presente desde la consciencia que nos une a todos, y esa es tu linterna en el Yoga. Su práctica te permitirá ver el camino y volver a través de él cuando te sientas perdido.

Con los años empecé a amar cada vez más mi práctica como un acto sagrado, como una forma de volver a mi conexión más pura, por eso dejó de ser una actividad física que hacía todas las mañanas, sin relación con el resto del día. Mi vida empezó a cambiar al hacerse todo más intenso: cada sonido lo escuchaba con más nitidez, las cosas que veía tenían más color y brillo, me mantenía abierto a escuchar y fluir con las conversaciones. También percibí cómo se agudizaba mi mente, ya que era más lúcida y focalizada, estaba más presente en el aquí y ahora. En suma, todo cobró más vida y color.

Desde muy joven he sido un artista visual, siempre he apreciado la combinación de colores y su equilibrio con la luz. Pero cuando empecé a experimentar las posturas como si fueran una meditación profunda, incluso la naturaleza cobró más vida, era como si latiese: las flores, los árboles o las nubes estaban realmente vivos. Todo empezó a brillar.

Asimismo, mis intereses personales empezaron a despejarse cada vez más, me relacionaba con los demás sin ningún interés por conseguir algo de ellos. Me di cuenta de que, si albergaba algún interés a la hora de relacionarme con los demás, era difícil que pudiera ser claro y abierto, y mucho menos honesto, porque dejaba de ser íntegro. De esta forma, supe ser más fiel conmigo mismo, y así pude ser fiel con las personas que quería. A partir de ese día, mi vida tomó otro rumbo y se convirtió en una forma de servir a los demás desde la bondad y el amor.

Aunque como ser humano tenía y sigo teniendo días no tan buenos, empecé a darme cuenta con mayor rapidez y desapego de lo que ocurría. No me critico por ello, porque aprendí a ofrecerme más compasión y comprensión. Como resultado de aquella mañana, poco a poco empecé a disfrutar de los momentos tal y como se presentaban, aceptaba mejor el cambio cuando surgía, y empecé a poner el corazón en mis actividades. Fluía con lo que tocaba fluir, sin resistencias, como en mi práctica.

Y empecé a sentir que las escrituras dejaron de ser filosofía teórica y cobraron vida en la práctica dentro y fuera de la esterilla. Los *Yoga Sutras*, *Yoga Korunda*, *Shiva Samhita*, *Bhagavad Gita*, *Yoga Taravali* o el *Hatha Yoga Pradipika*, son libros de medicina, son mapas para cambiar el territorio que es nuestro cuerpo, así como para mejorar nuestras vidas desde su apertura.

Los efectos de mi despertar de aquella mañana todavía me siguen emocionando. El incienso, las velas, las imágenes de mis maestros me transportan a ese momento y me inundo de agradecimiento cada día al encender una vela en el altar de mi casa. No había libro o teoría que pudiera sustituir lo vivido en la esterilla, salí de esa sala con lágrimas, pero no eran de llanto, sino de dicha.

Las enseñanzas que recibí posteriormente dieron sentido a esa experiencia de despertar espiritual y me abrí a enseñanzas que mi mente no podía comprender o racionalizar si antes no eran señaladas a nivel práctico por un gran maestro y una gran tradición como la del Yoga, que te guía para poder ver lo que no se comprende de forma conceptual. Recuerdo claramente la primera enseñanza que recibí en relación con aquella experiencia: «La energía es espontánea, es ella quien se mueve a través de tu cuerpo creando movimientos sabios, sutiles y armónicamente bellos. Las *asanas* en movimiento son la expresión más pura del alma».

El alma es una melodía bella, que se escucha y nos guía en la vida. Nuestro propósito es bailar con ella, a su ritmo, y eso es la esencia del *vinyasa yoga*. El alma es nuestra esencia, el amor incondicional que llegamos a tener con cualquier persona, animal, o árbol, o estrella. Es el sentir profundo de saber que hay algo más grande que nuestro cuerpo y mente, es ese aroma que se respira más allá de nuestra personalidad y formas de creencia. Tal vez podamos emocionarnos al recordar a aquellos que estuvieron antes que nosotros, pero también ellos bailaron bajo las estrellas, lloraron y amaron igual que tú y yo. Muy pronto comprendí que la práctica de *vinyasa*, como acto sagrado, es una forma de acceder al alma que tenemos en común y que nos une. Somos alma, porque el alma es el mismo universo que fluye en nuestro cuerpo, como energía inteligente.

También con la practica me di cuenta de que desarrollé la habilidad para discernir (*viveka*) y descubrir que nuestra vida tiene un propósito (*dharma*) alineado con el bien común. Si daba la espalda a mi alma y a su impulso de manifestar luz y amor de una forma única, estaba diciendo que no a la vida. Empecé a hablar su idioma, porque el alma envía mensajes constantemente, lecciones sabias e intuitivas. En esencia, es nuestro ser más íntimo y se siente como una presencia de cálido amor.

El sendero de la vida es un camino espiritual que caminamos cada día para poder estar más presentes en el ahora, como nos decía Patañjali. Con la práctica, accedemos a nuestro propio poder y nos abrimos a los infinitos recursos de gratitud, reconocimiento y validación que hay en cada uno de nosotros. El alma se manifiesta y se expresa a través del cuerpo: ese es el verdadero poder que hay en lo más profundo de tu ser al que accedes a través de la práctica de Yoga.

Me volqué en el proceso y quiero que tú también lo hagas, a pesar de todos los riesgos que conlleva, ya que el mayor riesgo que puedes asumir es tu propia transformación. Recuerda siempre que «el amor que recorre tu cuerpo es la energía del alma». Un yogui, como tú y como yo, que encarna las enseñanzas del Yoga a través del cuerpo, es una persona auténticamente empoderada, es aquel que se impulsa por amor en todos sus actos, como nos transmite esta historia que escuché una vez en el *ashram*:

Hubo un maestro de Yoga que le contó una historia a uno de sus discípulos sobre qué es la verdadera libertad, y qué es vivir sin amor. Le contó que había una vez una oruga que se había enamorado de una flor, lo que, por supuesto, era un amor imposible, pero el insecto no quería seducirla ni hacerla su pareja, solo soñaba con llegar hasta ella y darle un único beso. Cada día, la oruga miraba a su amada y cada noche soñaba que llegaba hasta ella y la besaba. Un día, la pequeña oruga decidió que no podía seguir soñando con la flor y no hacer nada para cumplir su sueño, así que avisó a sus amigos de que treparía por el tallo para besarla.

La mayoría intentó disuadirle, pero la oruga se arrastró hasta la base del tallo y comenzó la escalada. Trepó toda la mañana y toda la tarde y, cuando el sol se ocultó, estaba exhausto. Pasaré la noche agarrado al tallo, pensó, y mañana seguiré subiendo. Sin embargo, mientras dormía, su cuerpo resbaló por el tallo y amaneció donde había empezado.

Cada día, la oruga trepaba y cada noche resbalaba hasta el suelo, pero mientras descendía, sin saberlo, seguía soñando con el deseado beso. Sus amigos le pidieron que renunciara a su sueño o que lo cambiara, pero él sentía que no podía cambiar lo que soñaba mientras dormía y que, si renunciaba, dejaría de ser quien era. Todo siguió igual hasta que... una noche la oruga soñó tan intensamente con su flor que sus sueños se transformaron en alas y, por la mañana, despertó mariposa, desplegó las alas, voló a la flor y la besó.

El discípulo empezó a notar la dicha de sentirse liberado al comprender que seguir los sueños más bellos, como hizo la oruga al seguir el sueño de besar a la flor, es la puerta a una gran transformación. El maestro concluyó: el impulso de amar hace posible la transformación hacia nuestro potencial más bello. Cuando amas, llegará un día en que desplegarás las alas y besarás la vida. Y volarás hacia la verdadera felicidad y libertad.

Como la oruga, quiero que encuentres los verdaderos sueños que nacen de tu corazón, porque nadie puede hacerte feliz; solo el fruto de tu amor a ti y a los demás te hace feliz y libre.

Todos tenemos dentro un impulso de amar que nos conduce a la transformación, a ser una oruga que espera ser transformada. Nos convertimos en mariposas, porque nuestra esencia es amar y soñar en la vida. Descubrirás que la historia de amor de Shiva y Shakti nos guiará a lo largo del libro *Danza del amor.* Esta historia épica nos enseñará a comprender y a practicar *vinyasa* entendida y realizada como una «meditación en movimiento guiada por el *prana*», haciendo de nuestras vidas un continuo fluir hacia los impulsos más profundos de nuestro corazón.

Vinyasa con base en el *prana* hace que nuestra práctica se convierta en una danza sagrada, y las danzas sagradas están presentes en cualquier tradición contemplativa del mundo, pueden ser desde sencillos pasos en silencio hasta bailar en círculo alrededor del fuego bajo las estrellas de la noche. Y hoy percibo, más de veinte años después, que mi experiencia de despertar sigue teniendo un impacto profundo en mis alumnos.

Hoy en día, cuando viajo e imparto retiros y clases, observo cómo mis alumnos empiezan a reconocer sus sensaciones en las posturas, cómo la energía empieza a fluir en sus cuerpos y, al sentirlas profundamente y liberarlas, logran que la calidad de su mundo esté más alineada con su corazón y les permita llevar el mensaje a sus vidas, con respeto a sí mismos y a los demás. Dejan de relacionarse desde lo que saben y lo que creen y de buscar formas de ser y respuestas afuera, porque están profundamente conectados. Cuando practicamos *vinyasa*, como una práctica sagrada, nos expresamos de forma incondicional, sentimos placer, gozo y nos abandonamos a la gracia de cada momento.

Cuando la autenticidad de ser como somos se despierta en nosotros, nos conduce al verdadero amor, a la dicha y a la libertad personal. Cuando el amor nos posee, está en cada lugar, en cada célula, en cada gesto y en cada mirada, es como si reviviéramos esos instantes en los que realmente fuimos libres, como el niño que llevamos dentro, al que le encanta explorar, bailar y ser libre. Por lo tanto, nuestra habilidad desarrollada a través de la práctica, como la que desarrolló el guerrero Arjuna ante Krishna, será la de fluir sin resistencias ni rechazo ante lo que se presenta, tal como es. Cuando nos entregamos y dejamos ir el pasado, nos sentimos intensamente vivos en el momento presente y descubrimos un nuevo mundo con un corazón abierto.

Por todo lo que recibí quiero invitarte a que enciendas un incienso y una vela mientras lees *Danza del Amor*, haciendo de esta lectura un acto sagrado porque las enseñanzas que vas a recibir son ancestrales, transmitidas durante generaciones de maestros a discípulos, y tienen una vibración espiritual que se siente mientras las lees y las pones en práctica.

Aquella mañana la guardo en lo más profundo de mi corazón. Desde ese día empecé a vivir el Yoga como un camino de amor. Una llama se encendió y nunca más se apagó. Practicar *vinyasa* como una danza sagrada, como una danza de amor, es aprender a vivir siendo auténticos. Es aprender a soñar, gozar y celebrar la vida. Porque, como dice la tradición: «Ser felices es permitir que todas las abejas vuelvan a la colmena y hagan miel desde el corazón».

Te deseo un camino lleno de bendiciones.

Con todo mi amor,

Denis Criado,
Otoño de 2021
Pacífica, California

karmaṇyakarma yaḥ paśhyed akarmaṇi cha karma yaḥ
sa buddhimān manuṣhyeṣhu sa yuktaḥ kṛitsna-karma-kṛit. IV.18

Aquel que consigue ver la inacción en la acción y la acción
en la inacción es un sabio entre los hombres y en todos sus
actos encuentra la paz. IV.18

Bhagavad Gita

prāṇasyedaṃ vaśe sarvaṃ tridive yatpratiṣṭhitam
māteva putrānrakśasva śrīśca prajñāṃ ca vidhehi na iti 13

Todo lo que existe en el mundo descansa en el control del
prana. Así como una madre protege a sus niños, ¡oh, *prana*!,
protégenos y regálanos esplendor y sabiduría 13

Prasna Upanishad

tapah-svadhyaya-isvarapranidhanani-kriyayogah. II.1

El deseo ardiente de autorrealizarse, de practicar
y de abandonarse a la divinidad constituye el Yoga
de la acción. II.1

Patañjali, *Yoga Sutras*

Vinyasa y el impulso de fluir

Hoy en día, cuando soñamos en términos de felicidad nos ima-
ginamos la posibilidad de despertarnos cada día y hacer lo que
realmente sentimos que queremos hacer, cualquier cosa, con
toda la energía y la alegría, de una forma jamás realizada, y sin
ninguna obligación, culpa o frustración. También, nos imagi-
namos que somos capaces de afrontar los momentos de preocupación, de sentirnos cabizbajos o de tener alguna duda.

Sin embargo, si intentásemos adaptarnos y mostrarnos tal
como nos lo impone la sociedad y las personas de nuestro entorno, viviríamos sin integridad, sin coherencia y estaríamos
engañándonos. Sufriríamos.

Nuestro propósito, nuestro *dharma*, está en línea con la razón de existir de forma auténtica, atrayendo la felicidad a nosotros y a los demás. En nuestro corazón, hay una gran música
que espera ser interpretada y compartida con los demás, porque
eso es la belleza, la felicidad y es nuestro propósito. Estamos
llamados a vivir la vida plenamente, sin comparaciones, com-
petencias ni confrontación. Aunque en nuestra vida surja el
dolor a nivel físico, o suframos estrés mental, aprendemos,

con la práctica, a relacionarnos con lo que no está bien en nosotros. Podemos estar bien con aquello que está bien y estar bien con lo que no está bien.

Con la práctica de *vinyasa*, cuando accedemos a nuestras sensaciones, nos abrimos a un flujo dinámico de energía desde el chakra del corazón. Este flujo no es un amor sentimental o emocional, sino que es puro, incondicional y tranquilo al mismo tiempo. Es la conexión con nuestra divinidad, con nuestra esencia, es decir, con el alma que somos. Cuando practicamos con el corazón, nuestra *sadhana* se convierte en una adoración a nuestro ser más auténtico, aquel que fluye con lo que le toca vivir. Aunque algunas personas no se consideren auténticas por naturaleza y sientan que el corazón es irrelevante para sus vidas, o que no les dignifica como personas, sin corazón no podemos acceder a sentirnos parte del equilibrio y la energía que da vida a todo.

Prana, la energía que subyace en cada elemento de nosotros y del universo, puede ser difícil de entender porque no se ve; sin embargo, se siente. Cuando nos conectamos con el *prana*, nos conectamos con el mundo que nos rodea y con nuestro verdadero ser: la consciencia pura (*atman*). El *prana* es una energía que se impulsa a través del cuerpo, a lo largo de una red de sutiles canales corporales. Al igual que en el sistema nervioso central, los canales del cuerpo sutil o *nadis* actúan como un conducto de energía pránica.

Algunas tradiciones identifican hasta cinco o diez tipos diferentes de *prana*, relacionados con la energía que se mueve hacia dentro y la que se mueve hacia el exterior. La energía hacia arriba y hacia abajo, o la energía relacionada con lugares especiales del cuerpo como la cabeza, la garganta, el corazón o el abdomen.

Si bien cada uno de nosotros tiene una forma corporal, que es nuestra forma física, también tenemos un cuerpo sutil o energético, que puede compararse con el aura, pues se extiende más allá de este. Esto es lo que hace posible que ilumines una sala con tu presencia, o que puedas sentir intuitivamente la energía de otro.

En el lado derecho de la columna, está el canal solar, *pingala*, que, si está en desequilibrio, fluyen las energías de la ira, los celos, la separación, la aversión y el rechazo, ya que cada una es una energía caliente asociada con el sol. A medida que la energía asociada con la espiración viaja hacia abajo y se mueve a través del canal *pingala*, experimentamos rechazo al mundo exterior. En el lado izquierdo de la columna vertebral, está el canal lunar, *ida*, por el que, cuando está en desequilibrio, fluyen las energías frías, como el deseo, el anhelo, el apego y el placer. Sin embargo, cuando en la práctica de *vinyasa* combinamos la parte activa del asana, el movimiento y la respiración, y la parte pasiva del asana, parada y espiración, entramos en equilibrio, y empieza a fluir el *prana* desde el centro.

En el centro de la columna, está el canal *sushumna*, cuyo nombre es una referencia al zumbido de pura felicidad que surge cuando el *prana* fluye libremente a través de este *nadi*, porque nos sentimos plenos, con más vitalidad, y nos regeneramos desde la raíz. De esta forma, la sabiduría, los pensamientos puros y la satisfacción surgen de forma natural en el día a día, ya que estás plenamente presente con lo que te toca vivir. No tienes preferencias y fluyes.

Los yoguis tenían una razón muy profunda para promover la salud y la longevidad, pues consideraban que la percepción espiritual es más fácil de obtener cuando el *prana* actúa con libertad en nuestro cuerpo y aprendemos a sentirla y a fluir con ella a través de las posturas. Según los grandes maestros de Yoga, el *prana* que fluye por nuestro cuerpo es la gran maestra de cualquier tipo de Yoga y la práctica del *vinyasa* te enseña a relacionarte con la energía como ninguna otra práctica de Yoga.

El *prana* es la energía vital que nos alimenta y nos nutre, nos aporta vitalidad y brillo, porque es el impulso para hacer las cosas con amor y consciencia. Esta fuerza fluye por fuera y por dentro de todas las formas de vida. Por este motivo, cuando hablamos de *vinyasa*, nos referimos a las posturas que se entrelazan de forma natural, sin mente, como en la naturaleza y en la vida. Aunque actualmente asociamos la palabra *vinyasa* a un tipo de yoga dinámico, que está basado en la unión de movimiento y respiración a lo largo de secuencias de posturas enlazadas entre sí. *Vinyasa* y *prana* están íntimamente relacionados. Comprender *vinyasa* es comprender la naturaleza del *prana*, y viceversa.

Vinyasa se suele traducir como la unión de movimiento y respiración. *Vi* significa colocarse en una forma determinada de acuerdo con un contexto o por la falta de él. Y -*nyasa* significa santificar o lograr un estado meditativo, mediante la concentración en un punto. En su origen, las secuencias clásicas de *vinyasa* son una colección de varios subgrupos de posturas similares en forma y beneficios. Las posturas de pie, las flexionadas hacia delante, las posturas para las caderas, las extensiones hacia atrás y las posturas invertidas se agrupan para mejorar los beneficios de nuestros sistemas fisiológicos y energéticos.

El proceso de reequilibrar el cuerpo a través del *vinyasa yoga* te lleva a desarrollar la escucha, la percepción y la sensibilidad de la energía. Con la práctica, te conviertes cada vez más en fluidez; dejas de resistirte ante los acontecimientos y aprendes a vivir con sabia naturalidad y espontaneidad, amando incondicionalmente, recuperando lo que se te ha concedido desde el nacimiento, que es un regalo precioso. El equilibrio de tu cuerpo, de tu salud y de la del planeta es una de las formas en que mostramos respeto, gratitud y aprecio por el profundo misterio y majestuosidad de aquello inexplicable que llamamos «sentirnos vivos». Con *vinyasa* aprendes a volver al río de la vida y a ser la vitalidad que se desprende de la misma práctica.

En la práctica de *vinyasa*, el cuerpo y la respiración son tu vehículo principal y la herramienta de acceso a estados más profundos de meditación. Te ayuda a depurar el organismo, a crear ligereza y a evitar el estancamiento en la vida, enciendes el fuego interno y deshaces bloqueos físicos y mentales, que se han congelado con los años, ayudándote así a adquirir naturalidad y espontaneidad en tu día a día. Por lo tanto, quiero enseñarte cómo crear ese puente, para que hagas del *vinyasa* un momento íntimo, de unión y de cocreación con tu alma. De este modo, desde los pequeños actos a los más grandes todo empieza a fluir en armonía.

Por este motivo, *vinyasa* es sinónimo de fluir, porque aprendes a abandonarte al fluir inteligente y creativo del *prana* a través de su práctica. La respiración sucede de forma natural, mientras el cuerpo entra o sale de las posturas, fluyendo sin pensar, hacia la siguiente, con una presencia plena en todo momento. No piensas en qué postura debes hacer porque, como en la vida, das un abrazo sin pensar, besas sin pensar, sonríes sin pensar. *Vinyasa* está lleno de posibilidades expresivas, físicas, emocionales y de movimiento, incluso de conexión de grupo si se practica con otros yoguis. Llega un momento en el que solo hay una unidad que se mueve y actúa a través de los cuerpos de un mismo grupo: como pájaros bailando juntos en el cielo, son uno, y se mueven en sincronicidad. Son belleza en movimiento.

En *vinyasa* y con la práctica constante, aprendemos el lenguaje del corazón y, cuando despiertas su danza sagrada como una meditación en movimiento, se convierte en una forma de adoración que desata el fluir de tu alma. Rescatas tu autenticidad, la forma de tu ser más puro. Por lo tanto, en el fundamento de la práctica de *vinyasa* debe haber una inspiración, un sentimiento o, como se conoce en la tradición, un *bhavana*. De esta forma, la práctica será una fuerza que convierta y transforme nuestra vida de acuerdo con nuestras aspiraciones más profundas, logrando alinearse con la esencia de nuestro corazón para nuestro beneficio y crecimiento espiritual, así como para el de nuestras relaciones.

Los condicionamientos sociales crean *samskaras* en nuestro cuerpo y, al ser tan poderosos, con el tiempo dejamos poco a poco de ser espontáneos, aunque parezca difícil de creer; tenemos que aprender a sentir de nuevo para poder fluir. Sin práctica, el miedo y las resistencias se apoderan de nuestro corazón, que se endurece de memoria kármica al pasar el tiempo. Por eso, en la tradición se dice que nuestro mayor miedo no es a morir, sino a sentirnos vivos.

Esta es la esencia que nos ofrece la práctica de quien amaestra *vinyasa*: desarrollar acciones de amor desde el sentir. Aunque podemos caer en el error de querer avanzar en las posturas más complejas y medir nuestra mejora, sabemos que el Yoga es mucho más que una simple postura y que la verdadera mejora consiste en estar vivos, momento a momento, con lo que nos toca vivir.

Sé paciente, porque poco a poco podrás recoger los frutos más bellos gracias a la práctica de *vinyasa*. Hay que experimentar desde el templo, nuestro cuerpo, donde habita el espíritu, porque el grado de rechazo que hagamos a nuestro cuerpo será como si nunca hubiéramos vivido, lo que no podemos permitir. Como nos indica *Prashna Upanishads*: «Desde el alma nace la vida». Cuando somos alma, volvemos a la vida con más fuerza, amamos y somos amados. Ese es el mayor tesoro que encuentras en la práctica de *vinyasa yoga*.

Cuando hablas de corazón a corazón, de integridad a integridad, no existe nada nuevo. Esa es la belleza y el poder de la consciencia que es nuestra alma; aquella que te permite amarte más, darte amor, que te enraíza en el momento presente. Te da vida, te sientes vivo, y vives con un sentido más completo, porque te estás transformando. El Yoga se convierte en un camino espiritual a través del cuerpo y todo aquello que quiere comunicarte lo recibes con apertura. Tu práctica pasa del nivel mental al nivel de la consciencia, permitiendo que el *prana* fluya mejor, y justo ahí *vinyasa yoga* nos enseña a fluir con el *prana* liberado.

Entonces, si con la práctica de *hatha yoga* aprendes a desarrollar equilibrio (*mitahar*) y la consciencia de tus límites al intimar con tu cuerpo, sin pasarte o quedarte corto, así como de la alimentación, las relaciones, o cualquier área de la vida, con la práctica de *vinyasa* desarrollas fluidez meditativa dentro y fuera de la esterilla. Desde esa fluidez vives cada día tal como se presenta, sin resistencias, sin desear que sea diferente. Todo esto puede suceder de forma natural, por ejemplo, al leer, escribir, al estar en la intimidad, o incluso al pasear por un parque y escuchar los pájaros, el viento, o los niños jugando. Fluyes con lo que toca fluir y haces que todo se convierta en una meditación. Sientes todo, porque con la práctica de *vinyasa* te conviertes en un yogui que ha conseguido el mayor arte: el arte de amar.

Vinyasa es aprender a encarnar la danza del amor, de la energía que da vida a todo, dejando que el cuerpo se exprese libre, que dance al ritmo de la propia respiración y de las sensaciones que surjan. Te expresas permitiendo que las posturas recobren vida, pulsen, palpiten, recreas el sabor del momento presente. Tu fortaleza es la misma que la de la creación (*vira*), practicas desde la sensualidad y la divinidad (*sringara*), mientras expandes tu verdadera paz interior (*shanti*). De esta forma, te empoderas en tu *sadhana*. Ya no haces Yoga, sino que *eres* el Yoga. Te conectas con la vida, y eso es amor, puro amor.

Tu práctica de *vinyasa* es un espacio para despertar y abrirte al movimiento del Universo, para vivir en plenitud y dotar de vida a la unidad al cuerpo, a las emociones, a la mente y, sobre todo, al corazón. De esta forma, experimentarás tu alma al entrar en un espacio meditativo más allá de la mente y del cuerpo, y tendrás un sentimiento muy profundo de abrirte a explorar, de abandonarte al *impulso* de la existencia. Esa es la recompensa de practicar *vinyasa* como una práctica meditativa. Aprendes, como le dijo Krishna a Arjuna en la *Bhagavad Gita*, a amar sin apego al resultado (*nishkam karma*). Y en el *Hatha Yoga Pradipika* nos habla de la práctica desde la consciencia meditativa en fusión con la energía: «No importa mucho si hay liberación o no, pero al abandonarte a la energía divina, tienes la experiencia directa de la felicidad eterna. Esta felicidad nace de la absorción meditativa». Esa es la esencia del *vinyasa*.

También, es tu mayor intención, tu *sankalpa* más profundo, porque, como decían los antiguos yoguis, sin intención por estar más integrado a todos los niveles, no hay práctica posible. La intención nace de querer ser más pleno, porque todo yogui, como tú y yo, buscamos lo mismo: liberarnos del sufrimiento, ser felices y amar. Por eso la intención tiene mucho poder, ya que sin ella el potencial sanador y transformador de la práctica no se despierta por mucho que la comprendamos.

La intención en la práctica del *vinyasa* es abrir nuestro corazón y permitir que el alma sea la gran maestra en la misma postura, dentro y fuera de la esterilla a través de la energía pránica. Ahí, se abre realmente una vida de infinitas posibilidades, porque vivir es una opción que se te concede al nacer. Las células vibran de vida, quieren vivir, tienen el impulso vital, por eso crecemos y brillamos. Las células que conforman nuestro cuerpo crecen, se reproducen a ritmo de vértigo y, de un día para otro, nuestro físico cambia, porque todo es cambio. Tú eres cambio. Cuando te adentras en el impulso de vivir, de sentirte vivo, te fusionas con la creación, con la energía vibrante del universo, que hace que brillen las estrellas, florezcan las plantas, se muevan las olas de los océanos, los rayos del sol y de toda la creación.

En lugar de ver la práctica de *vinyasa* como una práctica física y de alto cardio, podrás descubrir una dimensión de *vin-*

yasa para hacer de la práctica una experiencia meditativa, espiritual y transformadora. Porque el *prana* es la consciencia pura hecha visible (*atman*), que se expresa como *asana*. Como muchas veces me repetían en el *ashram*: «Las posturas de Yoga y sus movimientos fluidos son las expresiones más puras del alma».

Por lo tanto, el fruto de practicar *vinyasa* como una meditación en movimiento, como una danza sagrada, es la aceptación de ser tal y como eres, la aceptación de los demás tal y como son, para aprender a fluir en el día a día bajo la guía de tu sabiduría pránica. Meditar en movimiento a través del *vinyasa* te permite acceder a estados de consciencia más contemplativos, te lleva al «estado meditativo» o también conocido como «estado de flujo». Cuando sientes tu respiración y te dejas fluir en sincronía con el cuerpo, brota una gran sonrisa interna e incluso externa. No piensas, sino que sientes y fluyes con aquello que toca vivir, pues la mente no se interpone.

Estamos aquí para que el *prana* fluya a través de nosotros, y para poder crear. Nos preparamos con la práctica, y cuando llegue el momento, aparecerá lo que necesitamos. Cuando nos demos cuenta de que venimos a servir a los demás, el universo nos servirá a nosotros. No atraes lo que quieres, sino lo que eres. Entonces, podrás sentir la magia de amar y de sentirte amado en cada momento. Estás aquí para disfrutar y estar en paz. Cuando sientes entusiasmo o pasión en tu interior, es la creación quien te está hablando. Con *vinyasa* sientes la música que suena dentro de ti, porque, como se dice en la tradición, «*vinyasa* es medicina, no solo porque cura las enfermedades de nuestro cuerpo al fluir el *prana*, sino porque también cura lo más importante de nuestras vidas: nuestro corazón».

Shiva y Shakti, la unión del cielo y la tierra

Desde hace muchos siglos, en las escrituras védicas está escrita la leyenda de Shiva y Shakti, contada en los *Puranas*, un conjunto de literatura ancestral de la India, donde encontramos cosmología, dioses y diosas, reyes, héroes, sabios, historias de amor, templos, un sinfín de simbolismo de sabiduría yóguica.

Shiva es uno de los dioses de la *trimurti* (tres formas), representa el papel del dios que destruye y renueva el universo, junto con Brahma (que es el dios creador) y Vishnu (el dios preservador). Dentro de la filosofía tántrica, dios Shiva es considerado la divinidad suprema y la diosa Shakti es designada como la «energía femenina» de un *deva* (dios masculino); en nuestra historia se personifica como su esposa, Parvati.

La leyenda comienza hace mucho tiempo en la antigua India, donde los dioses y diosas, cuando lo deseaban, descendían del Cielo a la Tierra y tomaban la forma de seres humanos. Aunque parecían y vivían como tales, tenían poderes asombrosos, *siddhis*, que obviamente no eran humanos. Podían tomar la forma de cualquier cosa, como animales, plantas, árboles o rocas, y volver a la apariencia humana en cualquier momento. Dioses y diosas que también podían surgir en los sueños de personas que los adoraban sinceramente, y les otorgaban ciertas bendiciones especiales. Las personas que recibían esas bendiciones también podían usar grandes poderes mágicos.

Existe una antigua tradición tántrica, en la que, además de casarse en el Cielo, Shiva y Shakti cada vez que decidían tomar forma humana, se reunían en la Tierra y volvían a casarse. En la siguiente historia, Shakti nace como la bella princesa Sati y posteriormente como la princesa Parvati, mientras Shiva se encarna como un poderoso yogui de la india.

Cuando Shiva se casó por primera vez con Sati, fue la primera encarnación de la diosa Shakti, la energía que prevalece en la Tierra. Shiva y su esposa Sati regresaban del *ashram* del sabio Agastya después de escuchar la historia del profeta Rama. En su camino a través de un bosque, Shiva vio a Rama buscando a su esposa Sita que había sido secuestrada por Ravana, el rey de Lanka. Shiva inclinó la cabeza en reverencia a Rama, pero Sati se sorprendió por su comportamiento y le preguntó por qué estaba rindiendo homenaje a un simple mortal. Shiva le informó a Sati que Rama era considerado como el séptimo avatar del dios Vishnu en la Tierra. Sati, incrédula y sorprendida, no quedó satisfecha con la respuesta, entonces Shiva le pidió que fuera y verificara la verdad por sí misma.

Como Sati es la energía de la diosa Shakti, usó su poder para cambiar de forma y apareció ante Rama como la princesa Sita. Rama reconoció inmediatamente la verdadera identidad de la diosa Shakti en Sita y le preguntó: «Diosa, ¿por qué estás sola y dónde está Shiva?». Ante esto, Sati se dio cuenta de la verdad sobre Rama. Pero Sita era como una madre para el dios Shiva, y desde que Sati tomó esa forma, se sintió decepcionado y, a partir de ese momento, se separó de ella como esposa. Sati cayó en un profundo dolor por el cambio de actitud de Shiva y se quedó en el monte Kailash, la morada del dios Shiva, que significa «preciosa joya de las nieves».

Más tarde, el padre de Sati, Daksha, organizó un *yajña*, un ritual de fuego para satisfacer los deseos de los dioses, pero no invitó a Sati, ya que había tenido un altercado con Shiva en la corte de Brahma. Pero ella quería asistir al *yajña* y fue a pesar de que su padre no estaba de acuerdo. Para su gran angustia, Daksha ignoró su presencia y Sati se sintió humillada y con un profundo dolor, entonces, saltó al fuego *yajña* y se inmoló.

Shiva, mientras meditaba en el monte Kailash, sintió inmediatamente que Sati había dejado la Tierra. Se puso furioso y comenzó a hacer su *tandava*, la danza de la destrucción: se arrancó dos de sus rastas y las tiró. Una cayó al suelo y el poderoso guerrero Virabhadra salió de la Tierra, con una misión: matar a Daksha. La otra rasta dio a luz a la terrible Kali, que no deja vivir a nadie que no esté alineado con la verdad. Sin dudarlo, Virabhadra y Kali se apresuraron a ir al palacio para matar a Daksha y sus seguidores. Virabhadra mató a Daksha. Shiva también llegó al palacio y encontró el cadáver quemado de Sati. Recogió sus restos, y, mientras lloraba desolado, partes del cuerpo de Sati cayeron a la Tierra. De vuelta al monte Kailash, Shiva entró en una profunda quietud.

Se dice que donde cayeron los restos de Sati, emergieron Shakti Peethas, templos que veneran a la diosa Shakti. Hoy en día, en Rishikesh, se encuentra un templo, donde hay supuestamente un cofre que contiene una parte del cuerpo de Sati.

Desde entonces, la Tierra se volvió estéril, porque la energía femenina, *Shakti*, la había dejado. No crecía nada, ni la naturaleza reverdecía, los ríos se estaban secando, no había animales y no quedaba nada para que pudiera comer la población.

Al ver lo que ocurría en la Tierra, los dioses Brahma (el creador) y Vishnu (el preservador) se sintieron tristes por el estado del planeta. «Necesitamos traer de vuelta la energía (el lado femenino) a la Tierra o dejará de existir», coincidieron los dioses. Brahma quería que Shiva se casara de nuevo, ya que esto restablecería el equilibrio. Vishnu le aconsejó que le suplicara a la diosa Shakti que naciera en la Tierra y se convirtiera en una nueva consorte para Shiva. Brahma y Vishnu estaban temblando cuando se acercaron a Shakti, porque sabían que lo femenino es poderoso y que hay que abordarlo con respeto y honor. «Shakti, te rogamos que regreses al planeta Tierra. Está vacío, seco y no crece nada allí», reclamaron los dioses. Shakti sintió la desesperación de las personas en la Tierra.

«Brahma, Vishnu, volveré al planeta Tierra, me convertiré en la esposa de Shiva y lo haré hermoso de nuevo, con una condición: si no me siento vista, honrada o respetada, lo dejaré de nuevo».

Brahma siguió el consejo de Vishnu y la gran diosa nació y la llamaron Parvati; de adulta, sabía que Shiva debía ser su único hombre y amor. Pero Shiva era tan entusiasta y decidido en los ideales ascéticos y en la práctica de la concentración y la meditación que Parvati no podía obligarlo a que la viera y se casara con ella nuevamente. En el angustioso intento de despertar el interés y el amor de Shiva, Parvati se convierte en una yoguini y vive en un bosque practicando constantemente Yoga en su nombre, que significa «Hija de la Montaña». La vuelta de la diosa Shakti no fue tan fácil y su destino sigue a Mena, una hermosa joven devota de Shiva que luego se convertiría en la madre terrenal de Parvati.

Mena era una joven princesa que amaba con todo su corazón al dios Shiva. Sintiéndose agradecido por la verdadera devoción de Mena, Shiva le presentó una bendición muy especial, *siddhi*, la habilidad mágica de moverse a cualquier parte. Mena había permanecido feliz durante mucho tiempo siendo una ferviente devota de Shiva, pero su verdadero deseo era poder conocerlo. Un día, al enterarse de que el dios Vishnu había invitado a los dioses y sabios a visitar su isla en el Cielo, tuvo muchas esperanzas de poder cumplir su antiguo sueño. Como Shiva era un buen amigo de Vishnu, probablemente también sería invitado. Cuando llegara el momento, todo lo que tenía que hacer era mudarse a la isla en el Cielo. Como su corazón estaba lleno de euforia por la posibilidad de encontrarse con él, fue allí.

Mena apareció por primera vez ante Vishnu, quien era conocido por su generosidad y hospitalidad. Mirándola a la cara, Vishnu se dio cuenta del profundo amor que sentía por Shiva y, con una amable sonrisa, le dijo: «¿Te gustaría quedarte y conocer a mis amigos? ¡Shiva pronto llegará!».

La devoción de Mena era tan grande que solo pensar en verlo la hizo entrar en una especie de trance y tuvo que sentarse en el suelo en profunda contemplación. Absorta, no se dio cuenta de que los dioses y sabios habían comenzado a llegar a la reunión.

Si los distinguidos invitados hubieran sabido que Mena estaba en medio de un intenso trance por Shiva, seguramente habrían entendido por qué no se levantó y se acercó a saludarlos. Como no lo sabían, sacudieron sus cabezas grises y mostraron su total reprobación: «¡Qué falta de respeto la de esta princesa!».

Antes de que Vishnu tuviera la oportunidad de explicarlo, uno de los viejos sabios murmuró: «¡Princesa grosera! No te levantaste para saludarnos, por eso ¡te casarás con una montaña!». Cuando recuperó el sentido, Mena hizo todo lo posible por disculparse y suplicó perdón, pero su destino ya no podía ser cambiado. Al regresar a la Tierra, lamentó profundamente el incidente: «¿Cómo puedo casarme con una montaña?». Y lloró desconsolada.

Años después, Mena escaló el Himalaya, el rey de las montañas, que también había recibido una bendición especial de los dioses, para convertirse en lo que deseara. La mayoría de las veces tomó la forma de una extensa cadena montañosa que corría de este a oeste y cuyos picos eran los más altos del mundo. Así lo encontró Mena. Las estribaciones del Himalaya estaban cubiertas de frondosos bosques.

En la primavera, la nieve derretida inundaba los ríos y los lagos con agua fresca y fría, atrayendo a cientos de aves y animales, por eso muchos sabios y yoguis vivían allí y meditaban dentro de las cuevas.

Cada vez que el dios Shiva viene a la Tierra, toma la forma de un yogui y elige los lugares más distantes, especialmente el silencioso y helado monte Kailash, el más alto de todos los picos nevados de la cordillera del Himalaya. El rey de las montañas se enorgullecía de que Shiva fuera su invitado especial. Pero cuando sintió que la encantadora Mena vagaba detrás de su espalda y escuchó sus gemidos, el deseo de una esposa creció en su corazón y se apresuró a presentarse ante ella con su forma humana, que era la de un hombre hermoso y sabio. Con Mena intercambiaron historias, mencionaron su devoción a Shiva, y ella se dio cuenta de que no sería una mala idea casarse con una montaña. Como ambos querían tener hijos, muy pronto se casaron y rezaron a la diosa Shakti para pedirle que entrara en sus vidas. Shakti estaba tan complacida con la oración que decidió nacer en la Tierra como su hija.

En el Cielo, Shakti es la esposa de Shiva. Cuando ella viniera a la Tierra, se encontraría con Shiva y, como siempre, se casaría con él nuevamente. La nueva y reciente pareja no tenía idea de que en el futuro su hija se convertiría en la esposa de Shiva.

Cuando Mena dio a luz a una niña, ella e Himalaya estaban muy felices y la llamaron Parvati, quien se convirtió en una princesa hermosa e independiente, orgullo de toda la familia. Cuando creció, su padre le regaló un mágico carruaje volador, que podía llevarla a cualquier lugar con seguridad.

Parvati era todavía una niña cuando Sage Narada (un viejo sabio) visitó el Himalaya. Narada podía viajar a la velocidad de la luz, alcanzando grandes distancias en un abrir y cerrar de ojos, por eso mantuvo todo el cosmos bajo su constante observación. Su visita sorpresa fue bien recibida, ya que siempre traía noticias de tierras lejanas. También le gustaba señalar las tareas y obligaciones que la gente no había hecho y las alentaba con alegría y humildad. Himalaya dio la bienvenida al gran sabio, aunque tal vez en el fondo de su alma sintió algo de aprensión, y trajo a Parvati para ser presentada al sabio y le preguntó:«Oh, Narada, ¿podría leer el horóscopo de mi hija?».

Narada observó atentamente a la niña y estudió su horóscopo, luego asintió y respondió: «Himalaya, tu hija tiene todos los signos sagrados en su cuerpo y su horóscopo es auspicioso. ¡Te traerá felicidad!». Pero, a continuación, dijo: «Veo una dificultad, su esposo será un yogui desnudo. Estará libre de todos los deseos y necesidades, no tendrá miembros de la familia, y su apariencia y actitud pueden ser desagradables y atemorizan-tes». Himalaya, preocupado y asustado, preguntó: «¿Qué pue-do hacer para ayudar a mi hija? ¿Hay alguna solución?». Pero Narada terminó rápidamente la explicación: «No te preocupes, porque el novio de Parvati no será otro que el dios Shiva, solo debes asegurarte de que no se case con ningún otro hombre». El padre, confundido, dijo: «Shiva se encuentra completamen-te en la meditación más profunda y no tiene interés en las mu-jeres, ni en casarse. ¿Cómo podrá mi hija llamar su atención y ganar su corazón?». «Entiendo que no eres consciente de la verdadera identidad de tu hija, ella es la misma diosa Shakti, la esposa eterna de Shiva», respondió Narada.

Por todo esto, Himalaya llegó a adorar aún más a su hija, sabiendo quién era realmente, pero no dijo a nadie la revela-ción de Narada. Unos años después, Mena le dijo: «Es hora de encontrar un esposo para nuestra hija, que se ha convertido en una joven encantadora». Con cautela, Himalaya se volvió ha-cia ella y le dijo: «Querida, debes enseñarle a rezarle a Shiva, porque es con él con quien se casará...». Los ojos de Mena se llenaron de lágrimas, pues sabía que ser un devoto de Shiva no era tarea fácil, ya que nadie lo había amado más que ella, y en todos esos años nunca había podido verlo. ¿Cómo podía dejar que su hija pasara por tanta decepción? Entonces, Himalaya le contó la predicción de Narada, y luego ella aceptó hablar con su hija. Mena llevó a Parvati a un lugar distante y le explicó: «Debes hacer todo lo posible para complacer a Shiva, porque él será tu esposo».

Para comenzar un nuevo ciclo de meditación, Shiva decidió establecerse en los picos del Himalaya y tan pronto como el rey Himalaya se dio cuenta de que Shiva estaba cerca, le trajo a Parvati, quien colocó una ofrenda de flores y frutas ante Shiva y permaneció en silencio. Luego, Himalaya habló con reverencia: «¡Oh, Dios Shiva! ¡Me siento honrado por su visita! He ordenado que ningún hombre, animal o pájaro lo moleste, pero permita que mi hija Parvati lo atienda y se encargue de todas sus necesidades mientras esté aquí».

Shiva abrió los ojos lo suficiente como para mirarlos y preguntó: «¿Por qué empujas a tu hija hacia mí? Soy un yogui. No necesito la atención de una mujer». La dureza de sus palabras asustó a Himalaya, pero Parvati reconoció que Shiva era su esposo eterno y, determinada y sin miedo, ella le dijo: «Shiva, somos una persona. Tú y yo somos uno y estamos incompletos el uno sin el otro. ¡Oh, Señor! Te lo ruego, déjame servirte!».

Aunque no le dijo nada, Shiva se dio cuenta de la verdad en las palabras de Parvati, y se volvió hacia sus ayudantes, los *shivaganas*, y exclamó: «¡No la molesten, se le permite entrar y salir!».

Shiva permaneció en profunda meditación y se volvió indiferente hacia ella, pero la devoción de Parvati tocó los corazones de todos los demás dioses. Indra, el rey de los dioses menores, estaba preocupado por ella y decidió pedir ayuda a sus amigos Kama y Rati. Cuando Kama, el dios del placer y el deseo humano, y su esposa, Rati, bailan, el aire se llena del sentimiento de amor, es como una explosión de primavera. Cuando Kama apunta su flecha de flor mágica, a quienquiera que golpee, se llena del deseo de amor.

Entonces, Indra dijo a Kama: «¡Por favor, haz algo! Shiva necesita darse cuenta de Parvati, porque su amor no puede ser en vano». Kama coincidió: «¡Por supuesto! Rati y yo haremos todo por la felicidad de Parvati».

Kama, de puntillas, se acercó silenciosamente a Shiva y encontró un lugar oculto desde el que podía lanzar su flecha con seguridad. La primavera se despertó, los pájaros cantaron, las flores se abrieron y sus fragancias fueron llevadas por la brisa. El amor estaba en todas partes, incluso los corazones más crueles y áridos no podían ignorar el abrumador deseo de Kama.

Al notar un cambio repentino en el aire, Shiva sospechó que Kama estaría cerca, pero antes de que pudiera investigar, Parvati se vistió con guirnaldas frescas y coloridas y apareció ante él. «¡Oh, querida Parvati, te ves más hermosa que nunca!», pensó Shiva. Luego, mirando a su alrededor, vio a Kama escondiéndose entre los arbustos, preparándose para lanzar una flecha de flores a su corazón.

Shiva estaba furioso porque habían interrumpido su concentración, por eso se volvió hacia Kama y con una sola mirada destruyó la flecha mágica. Entonces, su tercer ojo, en el centro de su frente, se abrió y un rayo de fuego abrasador consumió al inconsciente Kama, reduciéndolo a una masa de humo. Desconsolado, Rati se echó a llorar y corrió desesperadamente por ayuda. Los dioses estaban aterrorizados al ver la desgracia final de Kama, pero no había nada que pudieran hacer. Shiva desapareció del lugar, decidido a volver a su meditación.

Sin consuelo, Parvati regresó a la casa de sus padres, y le pidieron ayuda al sabio Narada. Dijo Parvati: «Lo he intentado en todos los sentidos, ¿qué más puedo hacer para ganar el corazón de mi amado Shiva?». Narada, con voz tranquila, respondió: «Debes meditar en su nombre y repite, simplemente, *Om Namah Shivaya* y no pierdas la esperanza, porque para ti nada es imposible, así que comienza la prueba más severa».

Para prepararse, Parvati desechó sus joyas y adornos, reemplazándolos con simples collares de cuentas y sus suaves prendas de seda, por telas de algodón. Se fue a buscarlo donde lo había visto por última vez. Aunque su corazón padecía de anhelo, estaba decidida a hacer cualquier cosa que pudiera traerlo de vuelta. Aceptó todas las privaciones de un asceta.

En el calor del verano, se sentaba en un círculo de fuego y repetía *Om Namah Shivaya*. En la temporada de lluvias, entre relámpagos y truenos, ella repetía el nombre de Shiva, incluso durante las peores tormentas. En invierno, permitió que la nieve cubriera su cuerpo, mientras mantenía su mente pura y concentrada: *Om Namah Shivaya*. Ella repitió el nombre de Shiva una y otra vez, pero, aun así, él no vino.

Pasó un año alimentándose de frutas y el año siguiente, solo de hojas. Renunció completamente a su comida y vivió del aire y el agua. Luego, solo de aire. Su respiración apenas podía escucharse y, sin embargo, seguía repitiendo *Om Namah Shivaya*. Pero Shiva no acudió.

La profunda meditación de Parvati comenzó a calmar a los animales que la rodeaban. Los animales feroces perdieron su ferocidad, y los animales más indefensos, el miedo. Tigres, leones, búfalos, monos, conejos, pájaros y otros animales se acercaron en silencio y se colocaron a sus pies. Las plantas y los árboles comenzaron a producir una gran cantidad de frutas y hojas para todos los animales y aves, y el bosque se convirtió en un oasis de amor y paz. Desde el Cielo, Vishnu y Brahman contemplaban y se sintieron alegres, porque estaba dando resultado la petición que le hicieron a la diosa Shakti.

Om Namah Shivaya, repetía Parvati, pero Shiva, aun así, no acudió.

Himalaya y Mena, incapaces de soportar el sufrimiento de su hija, fueron a donde estaba Parvati. Dijeron: «¡Hija, esto no funciona! ¿Por qué insistes? Shiva no quiere darse cuenta de tu presencia. ¡Querida hija, ven a casa con nosotros!». Parvati dijo: «¡No, no me voy a rendir! ¡Shiva vendrá!». Luego, cerró los ojos y continuó la meditación. Desconsolados, sus padres regresaron.

Parvati se reenfocó y el sonido melódico de su mentalidad hizo que cada célula de su cuerpo vibrara intensamente. Pronto el sonido se convirtió en calor y Parvati comenzó a brillar como una lámpara y, luego, como una bola de fuego que irradiaba intensas olas de calor. Todo a su alrededor comenzó a calentarse hasta que todas las plantas, animales e incluso la tierra se secaron otra vez. Sin embargo, Parvati seguía repitiendo el nombre de su amado, hasta que incluso los dioses comenzaron a sentir que el cielo se estaba convirtiendo en un infierno y no podían soportar el calor por más tiempo.

Mientras tanto, en el Cielo, Brahma y Vishnu estaban encantados de ver a Parvati haciendo prácticas de Yoga para ganarse el corazón de Shiva, pero se asustaron al ver que todo volvía secarse y a quemarse por el calor producido por sus prácticas.

Entonces, Brahma, Vishnu y otros dioses menores viajaron a donde estaba Shiva para sacarlo de su profunda meditación. En una postura de humildad, permanecieron en silencio y esperaron a que Shiva terminara su meditación. Cuando finalmente abrió los ojos, preguntó: «¿Qué os ha traído aquí?».

Los dioses unieron sus palmas en el centro de su pecho y lo saludaron. «La meditación de Parvati está quemando todo el universo, querido Señor. No se rendirá hasta que reconozcas su amor por ti y te cases con ella. ¡Oh, Shiva, tú también deberías aceptar a una mujer amorosa como compañera eterna! Como Vishnu, que está junto a Lakshmi, yo y Saraswati», dijo Brahma. Shiva sonrió y se quedó callado. «Estoy dispuesto a casarme, pero soy un renunciante. No puedo creer que haya una mujer que practique yoga y me ame incondicionalmente cuando sea cabeza de familia». Brahma estaba encantado y dijo: «Oh, Shiva, la hija de un gran brahman, Parvati, es una mujer así». Shiva preguntó: «¿Dónde está ella?». «Ella está en el bosque, haciendo intensas prácticas de Yoga y sintonizando con tu

consciencia eterna, pero la Tierra se está secando de nuevo».
Entonces dijo Shiva: «¡Entiendo, voy a considerar...».

Shiva decidió probar a Parvati y, vestido como un viejo sacerdote brahmán, apareció ante ella. Preguntó:«¿Qué desea tu corazón, mi querida joven yogui, hasta el punto de recurrir a la meditación más intensa?», y Parvati respondió: «Mi corazón pertenece a Shiva y mi aliento anhela encontrarlo de nuevo». El viejo brahmán se rió: «¿Shiva? ¿Ese hombre gruñón y feo sin hogar? No tiene nada que ofrecer a una mujer joven como tú. Vive en los bosques y cementerios. Sus asistentes, *shivaganas*, son criaturas horribles. Seguramente, tendrías una vida de sufrimiento con él. Cambia de opinión, que todavía hay tiempo para que te salves».

Los ojos de Parvati brillaron con indignación: «¡Es un pecado terrible decir tales cosas! ¡Y un gran pecado, incluso escucharlas!». Al darse cuenta de que estaba siendo grosero, le dio la espalda al viejo y fue a poner más ramas en el fuego para poder terminar su meditación, pero el viejo la tomó del brazo y le preguntó: «¿Por qué te alejaste de mí, querida? ¡Por favor, cásate conmigo!». Sorprendida, Parvati se dio cuenta de que el viejo brahmán había desaparecido. Entonces, su corazón dio un salto, porque en su lugar estaba el amor de su vida, por el que había soportado las pruebas más difíciles. ¡Shiva! ¡Finalmente vino! «Sí –respondió ella felizmente–, me casaré contigo!».

Para completar su felicidad, Parvati quería compartir las buenas noticias con sus padres, quienes también habían experimen-

tado aprensión, miseria y tristeza por ella. Entonces, fue ansio-
sa a contarles. Mientras tanto, Shiva se vistió como bailarín y se
fue por separado al Palacio Himalaya, cantando, bailando y tocando su tambor. Mena recibió al bailarín con hospitalidad e incluso le trajo regalos preciosos, pero él solo quería una cosa:
pedirle la mano de Parvati en matrimonio. Mena le dijo: «Me
temo que esto no es posible, mi hija ha estado esperando toda
su vida para casarse con Shiva y no querrá casarse con un bailarín cualquiera como tú. ¡Por favor, vete!». Pero el bailarín
rechazó los regalos y continuó bailando. Insistió: «Estoy aquí
para pedir la mano de Parvati». Himalaya también se irritó ante
la insistencia del bailarín desconocido y ordenó a sus soldados
que lo sacaran del palacio. Dijo: «¡Sacadlo de mi vista!». Pero
como Shiva brillaba como miles de soles, nadie podía tocarlo.
«¡Sacadlo de aquí!», volvió a ordenar Himalaya. Entonces,
Shiva se dio la vuelta y se les mostró.

Himalaya, Mena, Parvati y todos los presentes entraron en
un estado de dicha. Vieron al dios Vishnu con su caparazón, su
disco, chakra, su garrote y la flor de loto. Vieron las cuatro ca-
ras del sabio dios Brahma y también a Shiva con sus tres ojos,
su tridente y su luna creciente. Luego, fueron testigos de cómo
todo el universo brillaba alrededor del misterioso bailarín.
Shiva, el dios de todos los dioses, estaba allí en el patio, bailando su *tandava* alegremente, mientras les pedía a Mena e Himalaya la mano de su hija Parvati.

Los padres ofrecieron a los novios una ceremonia maravi-
llosa y una fiesta nupcial, y cuando terminó, Shiva y Parvati

salieron felices al monte Kailash. Los ojos de Mena e Himalaya brillaron de felicidad, porque, finalmente, su querida hija se había ganado el corazón de Shiva.

Shiva sintió la energía de Parvati y fue hacia ella. La encontró meditando bajo un árbol frente a un *Shiva lingam* (una estatua que representa al divino masculino) cantando *Om Namah Shivaya*. «Hija venerada, me complace tu devoción», y Parvati parpadeó y abrió los ojos, todavía no podía creer que fuera Shiva frente a ella. Se abrazaron y sintieron inmediatamente la fuerte conexión entre ellos; como si no hubiera tiempo ni espacio, solo pura presencia y energía. Se casaron, y surgió la danza de amor más armoniosa nunca vista antes; nacieron las deidades Ganesha y Kartikeya e hicieron que las flores florecieran, los pájaros cantasen y los cielos se despejasen. Todo en la Tierra comenzó a recobrar brillo, armonía y vida nuevamente.

Durante siglos, en la tradición yóguica con base en la filosofía tántrica, la leyenda de los dioses Shiva y Shakti, al descender del Cielo a la Tierra, ha simbolizado por qué practicamos *vinyasa*, y eso tiene grandes implicaciones para ti y para mí. Su historia encierra la esencia de nuestra práctica, lo que realmente los antiguos yoguis querían comunicarnos.

En esta antigua leyenda de la India, en realidad, Shiva y Shakti somos nosotros. Nos enseña que estas dos fuerzas en la Tierra, debido a su polaridad contraria, se atraen y se buscan cuando no hay resistencias, y cuando se encuentran hay fusión, cocreación, bailan siendo amor, en lo que se conoce en la tradición como *la danza de Shiva y Shakti*. Son dos polos opuestos del mismo principio que hace que el universo sea bello, fruto de un gran acto de amor.

La leyenda del matrimonio de Shiva y Parvati en la Tierra fue solemnizada como el día de la unión, conocida como *maha shivaratri*, también llamada la gran noche de Shiva, la noche más oscura del año, que es una festividad popular de la India celebrada cada año en honor al dios Shiva. Desde entonces, *maha shivaratri* es considerado un día sagrado y nos recuerda que Shiva se casó con Parvati gracias a la perseverancia de practicar Yoga con corazón y el enfoque en Shiva. Cuando seamos el mismo calor de la energía *Shakti* que fluye en nuestro cuerpo, llegará un momento en que nos fundiremos en la luz que somos, en Shiva; y nuestra vida florecerá y brillará.

Al ser Parvati una forma de Shakti (*prakriti*), la energía *pránica* y recreativa que recorre nuestro cuerpo es el puente para despertar y unirnos a Shiva (*purusha*), un vínculo íntimo que nos conecta a todos y, al mismo tiempo, un medio para nuestra liberación (*moksha*) en la Tierra. No hay Shiva sin Shakti, ni Shakti sin Shiva. Las prácticas de Yoga hechas con corazón, como las que hacía Parvati, son la realización de nuestra boda mística, porque simbolizan los principios masculino y femenino del universo; y de su unión, solo es posible que nazca un gran acto de amor.

Lo más importante es que comprendamos que estas dos vibraciones, la absoluta (*purusha*), hecha de consciencia pura, la masculina y la relativa (*prakritti*), hecha de energía, la femenina, la que no tiene forma y la que se encarna en cualquier forma, son simbolizadas en la tradición por una pareja divina (*yamala*). La consciencia y la energía constituyen la realidad indisoluble de nuestro corazón universal (*paramashiva*), el mismo que vibra en ti y en mí, porque simbolizan nuestra esencia más pura y nuestra humanidad. Por eso, cuando hablamos de vibración, que en sánscrito se llama «*spanda*» o también es conocida como la luz eterna, es la misma la luz que emana en sí misma, la consciencia. Nuestra realidad más profunda, hecha de amor, y cuando la sentimos, de esa vibración nace el arte de amarnos y de amar a los demás.

Patañjali nos ofreció importantes enseñanzas acerca del Yoga, centrándose directamente en la raíz del sufrimiento en nuestra vida, como pasó en la Tierra donde vivía Parvati en ausencia de la diosa Shakti, o cuando, por momentos, parecía que todo estaba alegre. Según estos aforismos, la inteligencia del corazón se comporta como una mente egoica (*ahankara*), ocasionando que nuestro cuerpo genere una tensión excesiva, que al mismo tiempo creará una serie de aflicciones que alterarán los organismos y la mente, como dolencias físicas (*vyadhi*), renuncia a trabajar (*styana*), duda (*samshaya*), indiferencia (*pramada*), pereza (*alasya*), deseo de satisfacción sensual (*avirati*), conocimiento falso (*bhranti darshana*), indisposición (*angamejayatva*), o la respiración inestable (*shva-*

saprashvasa). Nuestro mundo se seca, viene quemado y no hay vida.

Sin embargo, con la práctica meditativa a través del Yoga, podemos recobrar el equilibrio cuando hay afecciones físicas (*vyadhi*), recuperar la estabilidad corporal (*angamejaytatva*) e incluso restaurar el ciclo respiratorio (*shvasa-prashvasa*) y, sobre todo, cuando nos acercamos al sentir del corazón y su inteligencia vibratoria, *spanda*. El corazón sabe, siente y responde, porque es un órgano inteligente e intuitivo. El corazón es el despertar del sentir, la conexión y la pasión, el fuego dentro de cada uno de nosotros, como Parvati sintió con Shiva.

Sin embargo, Sati, la primera esposa de Shiva, no supo conectar con su corazón puro, tuvo miedo y celos; tampoco practicaba Yoga con devoción. Aunque hayamos sido Sati en algún momento de nuestras vidas, podemos ser como Parvati. Esto me recuerda una historia que escuché en el *ashram* durante el *satsang*. Nos emocionó a todos al comprender qué significa la responsabilidad de conectar con nuestro corazón:

Esta es la historia de una madre pájaro que cuidaba de sus recién nacidos en el nido que había hecho en lo más alto de un árbol en mitad de un bosque. Pero un día se declaró un incendio en el bosque y sus llamas se propagaron con rapidez. La madre pájaro, al ver acercarse el incendio a su árbol, iba lo más rápido que podía al lago próximo y con su pico traía agua para apagar las altas llamas, con su desesperación intentaba salvar a sus recién nacidos.

Al poco tiempo, la madre pájaro voló hacia un nuevo bosque y tuvo una nueva familia.

Al recordarla, todavía me conmueve, y se nos dijo en la *satsang*: «Esta historia captura la esencia de nuestra práctica de Yoga y sea cual sea la circunstancia que estemos viviendo, es importante saber cuál es nuestra responsabilidad hasta el último aliento y fluir con su ritmo, sin resistencias. Como Sati podemos quemarnos, pero siempre podremos renacer como Parvati».

Después de unos momentos de silencio, se escuchó: «A veces las tragedias son inevitables, los momentos de confusión, de miedo, y aun así nos queda la tranquilidad de volver a intentarlo. Nos toca practicar, ser constantes y confiar en el corazón, para aprender a fluir como Shiva y Shakti, para que seáis fieles a vuestro *dharma*, que habita en vuestros corazones».

Por este motivo, en los *vinyasas*, se hace hincapié en los tres *padas*, tal como hacía Parvati: purificación (*tapas*), intimar con el cuerpo (*svadhyaya*), y apertura del corazón devocional (*ishvarapranidhana*). Son los tres elementos que tienen que estar presentes en nuestra práctica. Con los tres *padas* en el *vinyasa* te rindes, y te abandonas con devoción a la práctica. Bajas tu guardia para que la vida y las personas sientan tu corazón más auténtico, más desnudo y más vulnerable. El verdadero poder reside allí, es la verdadera fortaleza del amor.

Cuando sientes la energía de un profesor de Yoga, simplemente la sientes. La reconoces, y algo en ti se abre, empiezas a percibir una energía que te envuelve, porque has conectado con su fuente, la misma que yace en tu corazón. Se despiertan sensaciones y, si te ajusta en la postura, sientes el calor de sus manos, como si fuera electricidad recorriendo todo el cuerpo, o cuando pasa cerca de ti y te mira. Es una transmisión directa fruto de su unión entre Shiva y Shakti. Algo de su poder y de sus maestros te viene transmitido, sientes la vibración del amor incondicional. Su unión despierta a tu *Shakti* para reencontrarse con tu Shiva. Tus *nadis* empiezan a purificarse, porque la energía fluye mejor. El voltaje de su luz aumenta tu voltaje y es imposible no sentirlo.

Si los profesores tienen experiencia práctica, durante años, no solo te ayudan a nivel físico en tu práctica, sino que tienen el poder de acelerar tu proceso de unión entre la energía y la consciencia, despertar a la Parvati que vive en ti. Por este motivo, sientes desde lo profundo de tu corazón que esa persona es tu profesor y que te siente como su alumno (*parampara*). Se atraen los dos polos, porque esa conexión es la que te hace avanzar y profundizar en la práctica, y se palpa en la sala. Recibes amor al estar ante su presencia. Algo se abre en ti, y ahí reside el poder de sentirte realmente acompañado por alguien que te abre el camino para que tu unión y tu vida florezcan.

Quizá la creación de los dioses y sus historias fueron contadas por grandes yoguis por el miedo a mirar dentro de nosotros mismos; sin embargo, están llenas de sabiduría y nos ayudan a dar más luz a nuestro interior. Nos ofrecen una visión profunda de la importancia de desarrollar la intención de conectar con nuestro corazón antes de hacer la *sadhana* y que la práctica de *asanas* se convierta en una celebración de tu unión más profunda, una forma de adoración o un *arati*. El *arati* es una parte de la *puja*, aquella parte en la que encendemos el fuego de una lámpara especial y recitamos un mantra u oración a alguna deidad. Estamos encendiendo la luz de nuestra alma que ilumina nuestro camino.

Si invocamos nuestra intención más profunda al comenzar, por ejemplo, *Surya namaskar*, nuestra intención se convierte en una ceremonia de purificación y de luz. El flujo de movimientos que le sigue se convertirá en una *puja*, en una celebración íntima, sensible y espiritual. Este proceso es tan ancestral que se siente en cada respiración, en cada movimiento, y sientes la gracia en su secuencia, porque la misma palabra «saludo» connota un acto de honrar, de reverenciar a nuestra existencia. Cuando comenzamos colocando las palmas juntas en el pecho, en posición *pranam*, nuestra intención nace de querer fluir, y las acciones desde el amor solo generan bienestar y paz.

Todos somos un canal, y cuando digo nosotros, me refiero a toda la humanidad. Somos el canal donde permitimos que la vida (amor) se manifieste con todo su arte. Hemos venido a este mundo para ser la música que llevamos dentro. Soltemos, pues, nuestras cargas kármicas que impiden que seamos naturales y espontáneos. No tengamos miedo a mostrarnos tal como somos. En realidad, practicamos Yoga para que los demás estén bien, porque cuando tú eres la presencia dichosa que fluye en ti, será sentida por todas las almas que se crucen tu camino. Cuando eres puro, todo a tu alrededor se transformará en pureza, y eso hará que quieran también practicar Yoga; el centro energético *anahata* se expande y se inspirarán con su propia transformación.

Por lo tanto, practicamos *vinyasa* para cultivar la armonía del flujo energético que está íntimamente relacionado con cada situación dentro de la relación con uno mismo y con los demás. El solo hecho de conseguir entrar en ese río interior te brindará paz y tranquilidad, contigo y con tu entorno. De esta forma, al entrar progresivamente en un estado profundo de integración crecen los frutos de la práctica de *vinyasa* y de cualquier estilo de Yoga: pureza del espíritu (*prasada*), sabiduría o pureza mental (*rtambhara prajna*), un cuerpo lleno de vitalidad (*divya sarira*), presencia energética y magnética (*siddhi*), y liberación de pautas kármicas del pasado (*moksha*).

Al comprenderlo, poco a poco todo en ti cambiará y podrás experimentar una transformación profunda, te sentirás pleno y dichoso, porque el poder de la intención está en ti. Con la práctica de *vinyasa*, comenzarás a saborear el dulce néctar de la libertad en cada aspecto de tu vida y eso te hará más vivo, más auténtico, podrás ser uno con la creación sin dejar el deseo profundo de tu corazón. Con tu práctica, rescatas el espíritu de Parvati, el despertar de la diosa Shakti que fluye en ti y fundirás tu esencia, con el dios Shiva, para bailar el *tandava* del amor, haciendo que la vida esté llena de vitalidad, abundancia y belleza.

Empecemos nuestra exploración de Shiva y Shakti, y cómo nuestra práctica de *vinyasa* se puede convertir en un ritual sagrado y de unión desde el amor incondicional.

«No hay frontera entre la música y yo. La sutil capa que me separaba se ha disuelto. Ahora, soy la música. Este es un momento de gran dicha».

Sitarista, RAVI SHANKAR

1. *Prana* biológico y los tres elementos clave

Si deseamos adentrarnos en la práctica de *vinyasa*, es necesario tener clara la naturaleza de Parvati y los elementos del *prana* biológico, también conocido como *shakti* biológico. Con la práctica, los interiorizamos hasta que *Shakti* nos guíe de forma natural en las mismas posturas, el *prana* espiritual, también conocido como *shakti* espiritual, al que exploraremos en el siguiente capítulo.

En la tradición del Yoga, el *shakti* biológico se clasifica en diferentes *vayus*: *apana vayu, samana vayu, prana vayu, udana vayu,* y *vyana vayu*. El significado de *vayu* es «viento o aire» y cada uno describe las distintas maneras en las que el *prana* se mueve a través del cuerpo. La tradición sostiene que cuando estos *vayus* funcionan de manera óptima, nos ayudan a que nuestro corazón mejore su función y nos permiten desarrollar nuestro mayor potencial. Veamos los cinco *vayus* principales y cómo pueden ayudarnos, tanto en nuestra práctica como en nuestra vida cotidiana.

El primer camino de *shakti* biológico es *apana vayu* y rige el movimiento hacia abajo y hacia fuera en nuestro cuerpo, es decir, toda eliminación, porque casi todo lo que entra debe salir, nos referimos a la comida, la bebida y la respiración. Este *vayu* también se asocia con el ciclo menstrual femenino, el acto de dar a luz y la eyaculación masculina. Cuando el ciclo de una mujer es regular y puede concebir y dar a luz, se dice que *apana vayu* está sano. Que seamos capaces de eliminar regularmente también es un signo de buena salud, pero si hay demasiada eliminación de cualquier tipo, se dice que *apana vayu* está debilitado, debido a su incapacidad para controlar el movimiento hacia fuera.

En relación con nuestro corazón, *apana vayu* rige la capacidad de dejar ir los pensamientos y recuerdos difíciles vinculados a la memoria kármica en nuestro cuerpo (*chitta vrittis*), en lugar de aferrarse a ellos. Cuando este *vayu* está sano, podemos afrontar una dificultad, procesarla mejor y luego dejarla ir, manteniéndonos más abiertos a lo que nos toca vivir, con lo cual seremos más positivos. Pero cuando este *vayu* está débil, la mente se preocupa de manera constante.

Un *apana* débil o bloqueado puede crear la sensación de no tener enraizamiento en la vida, de estar sin apoyo y sin fundamento, lo que nos puede crear inseguridad. Si dirigimos el *prana* hacia abajo con la práctica de *vinyasa*, hacia la base de la columna, respirando como si pudiéramos inspirar y llevar el aire hasta allí, y luego a través de las piernas y los pies, espirando como si pudiéramos sacar el aire a través de ellos, podemos abrirnos y conectarnos con la Tierra, invitando a la curación y a la sensación de estar enraizados. Sin embargo, sabemos que el oxígeno no puede ir más allá del tejido de los pulmones, excepto a través del torrente sanguíneo, recuerda que aquí estamos hablando del *prana*, que circula por todo el cuerpo. Por eso, son importantes los ayunos, los depurativos yóguicos que, desde la tradición del Yoga, nos ayudan a fortalecer *apana vayu*.

Con un poco de práctica y consciencia, casi todas las *asanas* clásicas se pueden hacer de forma que proporcionen acceso a *apana vayu*. Como sabemos, movilizar *apana* en la pelvis y luego redistribuirlo es uno de los principales objetivos del trabajo de *asana*.

A nivel muscular, esto significa iniciar y activar cada postura desde lo más profundo de la parte inferior del abdomen, ya que así estabilizamos en la raíz y facilitamos el flujo de *apana* en la estructura de la postura. Por ejemplo, en las posturas de pie, como *prasarita padottanasana* y *vrikshasana*, utilizamos la activación en las piernas para integrar energéticamente la pelvis con el torso y las extremidades, enraizándonos con mayor profundidad en la postura. En las posturas de sentado, como *ardha padma janu sirsasana* o *baddha konasana*, que son estabilizadoras, tenemos una oportunidad ideal para involucrar fuertemente a *apana*.

En *baddha konasana*, activamos la parte interna de los muslos, la parte baja de la espalda y el suelo pélvico, que están íntimamente relacionados y gobernados por *apana*. Debido a que esta postura activa esas zonas, es una de las posturas más poderosas para despertar y dirigir *apana*. Cuando la hagas, siéntate con la pelvis en una posición neutral, y si es necesario, siéntate en el borde de una manta doblada para mantener la curva natural de la espalda baja. Luego, dirige las rodillas hacia abajo y siente cómo se eleva el piso pélvico. Flexiona hacia delante, alcanzando los huesos púbicos hacia abajo y hacia atrás y alargando la zona lumbar. Cuando continúas avanzando desde la parte inferior del abdomen, activa la parte interna de los muslos para bajarlos y alejarlos de la pelvis, mientras llevas los omóplatos hacia la cintura y suavizas la mandíbula y los ojos. Respira con facilidad sin soltar la acción de la postura y siente la conexión energética entre el suelo pélvico, toda la longitud de la columna y la coronilla.

También en torsiones y posturas de flexión hacia delante y extensión hacia atrás, la activación de *apana* ancla el cuerpo y permite un flujo suave de energía desde la raíz hasta la columna vertebral. Por ejemplo, en la extensión de *shalabhasana*, la pelvis se activa y es muy eficaz para activar *apana*, fortaleciendo la parte trasera de la pelvis, piernas y zona lumbar. Al deshacer la postura, percibe, con la cabeza en el suelo a un lado, cómo la energía empieza circular desde la pelvis recorriendo todo el cuerpo.

El segundo camino de *shakti* biológico es *samana vayu*. Este *vayu* rige la acción que equipara y equilibra todo lo que ingerimos. Cuando la comida y la bebida entran en nuestros cuerpos, necesitamos digerir, asimilar y procesar la materia antes de poder eliminarla. Los problemas de digestión son considerados el resultado de un bloqueo en este *vayu*. La sensación de agotamiento puede ser un signo de un *samana vayu* débil.

En relación con el corazón, el papel del *samana vayu* es digerir la información y las experiencias, tomando lo que es útil y eliminando lo que no lo es. De esto se deduce que, si el *samana vayu* es fuerte, somos capaces de procesar una dificultad convirtiéndola en una experiencia de aprendizaje y así dejar ir cualquier negatividad, a través de *apana vayu*, que pueda estar bloqueando nuestra evolución y propósito vital (*dharma*).

La incapacidad de pensar y hablar sobre experiencias difíciles se considera un signo de *samana* bloqueado y fortalece la memoria kármica presente en nuestro cuerpo, restándole vitalidad y fluidez, tanto en la práctica como en la vida. Con la práctica de *vinyasa* empiezas a desarrollar sensibilidad de *shakti* biológico, y accedes más fácilmente a *samana vayu*, dirigiendo la respiración hacia el centro del torso, para visualizarla distribuyéndose uniformemente alrededor de toda la parte central del cuerpo. Algunas personas se sienten mal al respirar con el abdomen, pues nos han creado una sensación de vergüenza, durante años, al enseñarnos a muchos de nosotros a meter el estómago.

Nuestros cuerpos fueron diseñados para respirar de forma diafragmática, así que cuando somos capaces de acceder a esta zona del cuerpo, nos ayuda a conectarnos con nuestro instinto, con nuestro poder y con nuestra inteligencia interna vinculada a los primeros *chakras*.

Cuando dirigimos *shakti* biológico, a través de *samana vayu* al inspirar, permitimos que la respiración pase a través de la nariz y llene uniformemente la parte superior del pecho, los costados y la parte posterior del torso. Aunque la parte anterior del abdomen se expandirá un poco, contenerlo suavemente permitirá que la cintura lateral y la espalda media se expandan de igual forma en el radio del cuerpo. Hay que espirar y mover la respiración de manera uniforme por todo el cuerpo para distribuir la energía equitativamente. Entonces, debes inspirar otra vez, permitiendo que la respiración llene el torso, como lo hiciste antes. Espira e inspira más profundamente, cuatro o cinco veces, como si tuvieras una pequeña bola de fuego o de luz en el centro del cuerpo que aumenta en intensidad con cada respiración.

Las posturas que activan *samana vayu* pueden ser las torsiones de pie, sentadas y supinas, así como el trabajo abdominal, incluyendo la postura de la tabla y *chaturanga dandasana*. Las flexiones hacia delante, especialmente las sentadas, y las posturas de equilibrio en brazos. También se dice que un *samana vayu* fuerte y sano ayuda a equilibrarnos en las inversiones como *sarvangasana* y *sirsasana*. Cuando te centres en *samana vayu* en las posturas invertidas, encontrarás más facilidad para no depender del apoyo de la pared, porque has desarrollado sensibilidad energética y movimiento sutil.

El tercer camino de *shakti* biológico se llama *prana vayu*. Comparte el nombre con los demás *vayus* de *shakti* biológico, como un todo, porque se le considera el principal. Este *vayu* rige el movimiento hacia dentro, incluyendo todo lo que llevamos a nuestros cuerpos. Físicamente, se relaciona con las acciones de inspirar, comer, beber y tragar.

En relación con el corazón, *prana vayu* se aplica a los cinco sentidos, que utilizamos para alimentarnos de experiencias en la vida. Este *vayu* se puede debilitar al exponerlo a un ruido extremadamente fuerte o constante, al ver programas de televisión violentos o noticias negativas antes de acostarnos, al escuchar canciones de añoranza o tristeza, en resumen. *Prana vayu* se debilita con cualquier estímulo exagerado que altere nuestra consciencia sensorial, el cual podemos desarrollar y cuidar con la práctica de *vinyasa*.

Esto es importante, debido a que la mayoría de nosotros vivimos en ambientes sobrecargados de estímulos; si no somos conscientes de este exceso ni de nuestra necesidad de silencio y espacio, perderemos sensibilidad hacia nuestro cuerpo y en nuestras relaciones. Con un *prana vayu* sano, gracias a la práctica, eres capaz de apartarte de estos estímulos tan seductores y, en su lugar, cultivar el silencio y desarrollar la atención hacia tu interior. Cuando este *vayu* se debilita, el corazón se endurece y no puedes sentir a la hora de practicar, pues a la mente le cuesta centrarse al adentrarse en la meditación dinámica o estática.

Durante las prácticas de *vinyasa*, prueba a inspirar a medida que permites que la respiración fluya por la nariz de forma natural, imaginando que un hilo de aceite de oliva se vierte con la respiración más fresca en tus pulmones. Sin detenerte, lleva tu atención a los pulmones que se llenan de aire e imagina que el aceite los llena con suavidad. Espira lentamente, en lugar de imaginar que empujas la respiración fuera de ti, y permite que el *prana* descanse por unos instantes, mientras la espiración se mueve a través del tejido pulmonar. Mantén tu atención en tu interior, como si disfrutaras del sabor que la inspiración acaba de dejar en tus pulmones. Durante la meditación sentada, inspira y permite que la respiración fluya suavemente por la nariz y se mueva con la mente. Espira y observa cómo la respiración se convierte en una luz blanca que limpia la mente del desorden y del ruido, que se deshacen.

Las flexiones hacia atrás son un gran recurso para activar *prana vayu* en las posturas. También, *virabhadrasana* I, *utkatasana* y *utthita hastasana*, y en *tadasana*. Asimismo, las posturas finales, *savasana* y las de meditación –*sukhasana*, *siddhasana* o *padmasana*– son excelentes para activar y equilibrar *prana vayu*.

El cuarto camino de *shakti* biológico es *udana vayu* y se relaciona con el movimiento ascendente de nuestros cuerpos y nuestras perspectivas, que, según se dice, rige el crecimiento físico. En relación con el corazón, *udana vayu* sano está asociado a la voluntad de ir más allá de las limitaciones, por ejemplo, al aceptar nuevas propuestas alineadas con nuestro *dharma* para el crecimiento profesional o personal. Cuando *udana vayu* está débil, tendemos a estancarnos en las decisiones que tenemos que tomar en la vida, y esto también se refleja en la práctica: al no querer ser espontáneos con el movimiento del cuerpo bajo la guía de *Shakti*, perdemos fe y desconfiamos.

Un ejemplo puede ser cuando decidimos permanecer en un trabajo que no nos ofrece ningún estímulo personal, pero preferimos quedarnos por miedo a lo nuevo. Asimismo, la incapacidad de ser honestos y coherentes con nuestras necesidades, o también la falta de entusiasmo y voluntad para hacer lo que realmente amamos hacer. Por el contrario, un exagerado *udana vayu* está asociado con el orgullo y con sentirse superior, proyectando de este modo una energía de arrogancia, tanto en la práctica como en las relaciones.

Para acceder a *udana*, respira desde los pies o desde el suelo pélvico si estás sentado, recorriendo toda la columna y espirando por la garganta, que es la región del cuerpo que domina *udana*. Veremos, más adelante, la importancia en la práctica de *vinyasa* de la respiración *ujjayi*. Sigue conscientemente la elevación de la caja torácica, mientras inspiras, lo que te ayudará a expandirte en la parte superior del tórax y la espalda, abriendo las articulaciones del hombro y creando una perspectiva más sentida desde el corazón.

Las posturas de pie, supinas y sentadas son muy beneficiosas cuando dirigimos *shakti* biológico a través de *udana vayu*. Inspira e imagina la respiración moviéndose desde la tierra hacia las plantas de tus pies, subiendo por las piernas, pasando por la columna hasta subir al pecho. Espira e invita a la energía a continuar moviéndose hacia arriba, a través de la coronilla. Con la espiración permites que la respiración se libere en la región de la garganta, mientras espiras por la nariz, soltando cualquier tensión en la garganta, la mandíbula y los dientes.

De este modo, cuando hagas posturas invertidas inspira e imagina que la respiración comienza en las manos y los brazos, o lo que sea que esté en contacto con el suelo. Deja que continúe subiendo por los brazos y el torso, a medida que alargas la inspiración. Y espira, moviendo la respiración a través de las piernas y llevándola hacia fuera, a través de las plantas de los pies. Con tu práctica de *vinyasa*, la sensibilidad de la respiración en las posturas invertidas te será muy útil, sobre todo cuando se sienten comprimidos el cuello, los brazos y los hombros. También en las posturas de pie en las que puedes sentir tus piernas activas (*virabhadrasana* I, *utkatasana*, o *garudasana*) y en las flexiones hacia delante en posición sentada, donde la columna se colapsa en esa dirección.

Las flexiones hacia atrás, particularmente las de abdomen, pueden activar *udana vayu*. En la India, es común escuchar, en las *yoga shalas* de *vinyasa*, que algunas personas se han sanado de diabetes y otros problemas de salud. Si los alumnos tienen diabetes es bueno hacer, durante mucho tiempo, entre otras posturas, *janu sirsasana* con respiración completa, ya que integra la zona abdominal, torácica y clavicular. También, para trabajar la estimulación del nervio vago con la respiración diafragmática, ayuda mucho hacer *baddha konasana* y *upavishta konasana*, porque estas posturas reducen el cortisol y los niveles de glucosa en la sangre vinculados a la diabetes.

El último camino de *shakti* biológico es *vyana vayu*, que se mueve desde el centro hacia fuera y es el opuesto a *samana vayu*, que atrae todo desde fuera hacia el interior, hacia el centro. Ubicado en el área del corazón, *vyana vayu* representa todo el cuerpo, la piel, la energía que irradias más allá de los límites de la piel y que respalda nuestra óptima salud. Creas más *ojas*, más brillo y presencia.

Vyana vayu se relaciona con la buena circulación en todos los niveles, desde los alimentos, el agua y el oxígeno en todo el cuerpo, hasta la de las emociones y los pensamientos. Cuando nuestra circulación es saludable, a través de la inteligencia de *Shakti*, logramos que los nutrientes lleguen al lugar donde se necesitan, permitiendo su absorción, la liberación de la energía y la eliminación de desechos. Este *vayu* ayuda al funcionamiento de todos los otros, porque el corazón es el alma de nuestro cuerpo y de nuestra vida.

En relación con el corazón, *vyana vayu* se asocia con sentirse inspirado y con emociones que pueden fluir libremente, a través de la práctica y las experiencias de la vida. En la tradición del Yoga, se dice que las personas que son capaces de expresarse de manera amorosa y que no tienen miedo a mostrarse con vulnerabilidad viven con pasión y tienen un *vyana vayu* sano. Por el contrario, si no está sano, se relaciona con sentirse deprimido, sin fuerzas para vivir, con odio, o sin saber cómo gozar los días o disfrutar la práctica. Se cree que esa sensación de no sentirse unido a la vida resulta de un exceso de *vyana*, lo que provoca que las ideas y las emociones fortalezcan nuestro karma debido a ese exceso.

Cuando diriges *shakti* biológico a través de *vyana vayu* en la práctica, inspira y permite que la respiración vaya desde la nariz hasta el corazón, para que se mueva hacia la parte posterior de este y bañe los rincones más profundos y oscuros. Espira imaginando a la respiración moviéndose, a través de los brazos y las piernas y a lo largo del torso. Luego, la imaginas moviéndose, a través de cada poro de tu cuerpo, expandiéndote más allá del límite de tu piel.

Puedes trabajar *vyana vayu* con las posturas de flexiones hacia atrás, flexiones laterales, *surya namaskar*, y con la postura final, *savasana*.

Con la práctica, estos cinco caminos son herramientas que nos ayudan a sanar diversos aspectos y a avanzar hacia la unidad de la mente, el cuerpo y el espíritu. También son útiles cuando practicamos nuestras posturas de Yoga a través del *vinyasa*, pues con el tiempo desarrollas su percepción, por medio de la fluidez de la práctica. Por ejemplo, respirar en la dirección de *udana vayu* en inversiones y posturas de equilibrio en brazos puede ayudarnos a movernos más alto y a levantarnos con menos esfuerzo (*sthira sukham*). En las posturas de pie, nos ayuda a enraizarnos más, sobre todo en aquellas que requieren hacer equilibrio en un solo pie, así como a profundizar en nuestras flexiones hacia delante, mientras estamos sentados. También puede traernos una sensación de calma y fortaleza interior.

Si diriges tu consciencia a las direcciones de la respiración de *prana vayu* o *vyana vayu* en las flexiones, estas pueden ayudarte a proteger la parte inferior de la espalda al alargar la columna, permitiendo que las flexiones florezcan desde el corazón. Cuando eres consciente de *samana vayu*, empiezas a observar cómo te ayuda en las torsiones y ejercicios abdominales, moviéndote más profundamente desde tu centro y conectándote con tu poder interno.

Cuando experimentamos cómo los cinco *vayus* ocurren al mismo tiempo en una postura, es simplemente un momento mágico. Por ejemplo, en *utthita parsvakonasana*, podríamos sentir que *apana vayu* baja por nuestras piernas y enraiza nuestros pies al suelo, mientras sentimos que *udana vayu* alarga nuestra columna desde la pelvis. Al mismo tiempo, *samana vayu* ayuda en la torsión del centro y *prana vayu* permite la expansión de los pulmones. Todas estas acciones de *prana Shakti* conducen al papel de *vyana vayu*, que celebra la extensión de los brazos y la alegría de toda la postura. *Utthita parsvakonasana* puede convertirse en algo más que un estiramiento lateral del cuerpo y de los isquiotibiales, ya que es un medio de apertura de los canales del *prana* para permitir que la energía se irradie, a través de todo nuestro ser, y el corazón se abra a la vida.

Si exploras de esta manera en tu práctica, descubrirás nuevas sensaciones, tu consciencia se expandirá, serás más *Shiva*, mientras *Shakti* recorre todo tu cuerpo. Puedes aumentar tu energía al mismo tiempo que fortaleces tus músculos. Cuando generas más flujo energético, generas más fuerza de la que pueden proporcionar los músculos por sí mismos, y más voluntad de la que puede generar el corazón. Recobras vida y desarrollas el poder que proporciona el valor para llevar a cabo cualquier acción que deseas, permitiéndote proyectar una fuerza positiva en el mundo. Y el mundo eres tú. Estás alineado con las intenciones de tu alma y de ella nacen acciones de amor, mientras sientes que tu vida florece en armonía con felicidad y libertad.

Cuando practicas *vinyasa* puedes terminar tonificando tus brazos y piernas, haciendo posturas acrobáticas en medio de la sala. Sin embargo, cuando descubres el potencial ilimitado que hay en ti, es posible que ni siquiera prestes atención al beneficio físico que aporta la práctica, porque estarás demasiado ocupado irradiando el amor que ha despertado en ti la práctica, y con el uso inteligente de *prana Shakti* en forma de *vayus*, haces de la Tierra un lugar mejor.

Cuando empecé a practicar Yoga, mis rodillas estaban muy altas en *baddha konasana* y sentía un dolor intenso. Por aquella época, notaba que tenía resistencias desde la mente, y me costaba entrar en muchas posturas no tanto por el cuerpo, sino por mi mente. Tenía miedo y quería evitar sensaciones intensas, manteniendo mis hábitos occidentales de comida. Sin embargo, con los años aprendí que cuando la mente no interfiriere, puedo tener *hábitos saludables*, siento cómo la energía fluye mejor y noto que mi cuerpo se suelta más.

En la India, cuando residía temporadas en los *ashrams*, la práctica era intensa, se empezaba a las 4 hasta las 10 de la mañana y luego, después del mediodía, desde las 4 de la tarde hasta las 9 de la noche. Las comidas eran ligeras y fáciles de digerir, haciendo que el *prana* biológico aumentara considerablemente, de este modo mi cuerpo estaba más abierto a fluir en los *vinyasas*.

Los grandes profesores que tuve de *vinyasa*, maestros de Yoga de la India con setenta u ochenta años enseñaban a través de sus cuerpos y no a través de las palabras. Notaba que emanaban energía y hablaban a través del tacto y de su presencia, no a través de la comunicación verbal. Comprendí que ese es el *método ancestral* que hace del Yoga una experiencia de unión, lo que me motivó a seguir practicando hasta desarrollar con los años la consciencia energética. Las verdaderas enseñanzas de Yoga nos vienen de la experiencia, de amaestrar nuestra relación con *Shakti* y *Shiva* y de cómo se manifiestan en el cuerpo. Los grandes maestros de Yoga hablan poco, pero transmiten mucho, por eso confías en los frutos que se hablan de la práctica de *vinyasa*, tienes fe y quieres practicar, ya que vivir desde un corazón transformado es el mayor regalo que puedes darte.

Por lo tanto, y siguiendo nuestra exploración de *shakti* biológico, son importantes tres elementos clave (*tristana*), que, sumados a los *vayus*, te permitirán desarrollar más fluidez de *prana Shakti* en tu práctica de *vinyasa*, estos son: los *drishtis*, los *bhandas* y la respiración *ujjayi*.

Drishti significa «percepción» y es el punto específico al que debemos mirar cuando practicamos *asanas*. Mirando al *drishti* enfocamos la atención consciente y, al llevar la concentración al interior, expandimos la percepción energética que recorre el cuerpo. Por ejemplo, en las posturas de equilibrio se aconseja llevar la mirada a un punto fijo para poder mantenerlas: eso es un *drishti*.

Los *drishtis* son mencionados en el Yoga clásico *Nasagre* y *Bhrumadhy*, donde se describen siete *drishtis*. *Nasagre* es un *drishti* que mira hacia la punta de la nariz, muy utilizado en flexiones, como en *uttanasana*, o en extensiones, como *urdhva dhanurasana*. *Angustha ma dyai* es un *drishti* que mira hacia el pulgar, lo podemos aplicar en la primera postura de *surya namaskar* o en *urdhva dhanurasana*. *Bhrumadhya* es un *drishti* que mira hacia el tercer ojo, hacia *ajna chakra*, y es muy utilizado durante la meditación o en *matsyasana*. *Nabhi chakra* es un *drishti* que mira hacia el ombligo, muy utilizado en *adho mukha svanasana*. *Urdhva* o *antara* es un *drishti* que mira hacia el cielo, como si mirásemos hacia el infinito. Usamos este *drishti* en *utkatasana* o en *virabhadrasana I*. *Hastagrai* es un *drishti* que mira hacia las manos, concretamente hacia el dedo anular y se practica, por ejemplo, en *trikonasana*. Por último, tenemos *padayoragra*, un *drishti* que mira hacia los dedos gordos de los pies y lo usamos en asanas de flexión hacia delante, como *paschimottanasana*.

Cuando nos movemos entre posturas, no usamos *drishtis* y, en su lugar, mantenemos la mirada fija y baja, centrada internamente, pero cuando estamos en las posturas durante cinco respiraciones en *ujjayi*, un *drishti* influye en la energía. Hay una frase muy conocida en el Yoga: «Donde pones tu atención en la vida, la energía fluye». Tanto en la postura como en la vida, de ahí la importancia de que pongamos atención en aquello que queremos que crezca en nuestras vidas y no en aquello que nos drena y frena nuestro crecimiento. También, un *drishti* transforma nuestra práctica física en una experiencia meditativa, pues actúa como un medio para desarrollar la intuición y la sabiduría.

De esta manera, *drishti* va más allá de dirigir nuestro sentido de la vista, dado que está estrechamente relacionado con la atención consciente y con el flujo energético. Así lo define *pratyahara*, la quinta de las ocho ramas del Yoga de Patañjali. *Pratyahara* implica liberar a los sentidos de su carga sensorial, es decir, pasar de lo externo a lo interno, como al cruzar un puente. Aquí es donde se produce la introspección, puesto que nos ayuda a saber dónde estamos, desde dónde percibimos y desde dónde tomamos nuestras elecciones. Algo parecido a lo que hacen los practicantes de meditación Zen cuando se sientan a meditar con los ojos entreabiertos.

Sin embargo, los *drishtis* también surgen de forma natural, desde *prana Shakti*, si la mente alcanza un cierto grado de concentración. Por ejemplo, si gracias a la respiración o a los *vayus* la mirada interior se estabiliza en las sensaciones y se focaliza de forma natural en uno de los siete *drishtis*, dependiendo de la postura que estemos habitando.

En ese momento, la experiencia sensorial externa pasa a un segundo plano y, en su lugar, emerge tu presencia consciente y meditativa. Ves con claridad tu modo de pensar, de percibir y de sentir el cuerpo. El *drishti* son los ojos de Shakti, porque es un tipo de mirada, para ver *sintiendo* energéticamente con mayor claridad en lugar de con los ojos. Entonces, prescindes de los reflejos y te sumerges cada vez más en la consciencia meditativa (*Shiva*), haciendo posible la unión entre Shiva y Shakti.

En las secuencias preestablecidas al comienzo, al practicar los *drishtis* de forma intencionada en los *vinyasas*, pero, con la práctica, tu relación con *prana Shakti* es quien realmente se encarga de que surjan de forma natural. Ya no piensas en hacer los *drishtis*, sino que eres los *drishtis*, y esa es la diferencia.

Los maestros yoguis describieron varias absorciones o retracciones naturales, conocidas como *bandha*, para ayudar a poner orden en los movimientos de las energías internas de *prana Shakti* y desarrollar la sensibilidad del cuerpo como una herramienta para fluir mejor con la energía, por ejemplo, en la zona de la pelvis (*mula bandha*), abdomen (*uddiyana bandha*) y garganta (*jalandhara bhanda*). En algunas posturas, se predispone la presencia de *uddiyana bandha*, siendo solo posible cuando nuestra columna y la pelvis están alineadas y la caja torácica elevada, por el estiramiento de los brazos. En *adho mukha svanasana*, en *vinyasa*, es una postura de descanso y de compensación de las cargas de la columna, y es una excelente postura para activar los tres *bandhas*. Cuando alargues la espalda hacia arriba desde el coxis, sentirás que tu abdomen se contrae quedándose debajo de las costillas. Con las piernas fuertes, activas la acción del estiramiento hacia arriba y, al final de la espiración, el suelo pélvico se eleva naturalmente, se activa *mula bandha*. Al alargar la columna desde el coxis, no permitimos que la caja torácica se hunda demasiado hacia los muslos, pero si se pierde el alargamiento, se pierde *uddiyana bandha*. Y, al soltar el cuello de forma natural, tenemos *jalandhara bandha*.

Con *utkatasana*, donde la espalda tiene que estar alargada, y el impulso del coxis se dirige hacia atrás y abajo, como si quisieras sentarte en una silla, suceden de forma natural los tres *bandhas*. También, en la variante de la postura *prasarita paddottanasana*, se da el mismo principio: alineación y el estiramiento desde el coxis. Si consigues no perder esta alineación, puedes estirar las piernas, pero si tu espalda vuelve a arquearse, se pierde el movimiento natural de *uddiyana bandha*. Del mismo modo sucede con *janu sirsasanda*, ya que, si te relajas en el suelo, *uddiyana bandha* desaparecerá. Y en *tadasana*, al elevar el suelo pélvico, alargando la espalda y estirando los brazos, sucede de forma natural *mula bandha* y *uddiyana bandha*. Sentirás una sensación de estabilidad.

Por ejemplo, en *sirsasana* y en *virabhadrasana II*, a menudo la pelvis cae en una posición anterior con la zona abdominal sobresaliendo hacia delante y las nalgas hacia atrás. Esto hace que la parte baja de la espalda se comprima, creando una sensación de desconexión entre el torso y las piernas, perdiendo la naturalidad de los *bandhas*. Las posturas no florecen y no despertamos su potencial transformador.

Al dirigir nuestra consciencia a la adecuada alineación, los *bandhas* son el fruto natural y, de este modo, se activa, como en los *drishtis*, el libre flujo de la energía, la fuerza vital universal que nos anima y nos une a todos. Te ayudan a estrechar tu relación con *prana Shakti*.

En el *Hatha Yoga Pradipika* se nos indica que los tres *bandhas* al activarse se convierten en el *maha mudra*: el gran *mudra* de los sabios que «elimina la enfermedad y la vejez». Cuando las fuerzas energéticas que se mueven hacia arriba y hacia abajo en las posturas, como se dice en la tradición, funcionan como dos palos frotándose entre sí, producen calor. Con este calor (*tapas*) purificamos momentáneamente más memoria kármica estancada en el cuerpo y estimulamos el nervio vago, que envía sus impulsos y crea un efecto relajante sobre el sistema nervioso central, es decir, más homeostasis. Así, aumenta el estado meditativo, te sientes más ligero y el *prana* fluye mejor, revitalizando todo el cuerpo (*vyana vayu*), y te abandonas a un *vinyasa* más fluido, a un mayor equilibrio biológico. Esa es la esencia de los *bandhas*.

Con el tiempo, y a través de la práctica de *vinyasa*, te haces más sensible al movimiento de los *bandhas* y sientes que el cuerpo busca calentar la energía para purificar lo que haga falta y bañar de *prana* los órganos. Con los años, percibes mejor sus sutilezas y sientes cómo el perineo se eleva y la energía fluye con libertad hacia arriba por el cuerpo. Y notas que, justo en ese momento, *mula bandha* se funde con *uddiyana bandha*. Asimismo, los ajustes que puedes recibir de tus profesores no son solo ajustes físicos, sino que permiten también que la energía fluya mejor y te llevan a un lugar meditativo en un instante. Entonces, sientes cómo la energía recorre todo tu cuerpo, porque algo se ha desbloqueado. El efecto de los *bandhas* incide a nivel físico, energético y del corazón y se optimizan cuando se combinan con la práctica de *pranayama*.

Al desarrollar tu percepción intuitiva, creativa e introspectiva empiezas a practicar con base en la energía *Shakti*. La respiración *ujjayi* es una clave para amaestrar tu vínculo con la energía que recorre tu cuerpo, tu corazón, tu práctica dentro y fuera de la esterilla. *Ujjayi* es una de las respiraciones más importantes que se aprende durante la práctica de *vinyasa* y es un elemento esencial, porque al escuchar el sonido de nuestra respiración, nuestra mente se va calmando y relajando. Si contraemos suavemente la glotis, un pequeño músculo que está a la altura de la tráquea, provocamos una respiración sonora, lenta y regular y, como sucedía con los *bandhas*, creamos más calor interno, incrementando el fluir de *prana Shakti*.

La respiración *ujjayi* se traduce como respiración de fuego, del océano, victoriosa o frenada en la garganta. *Uj* significa elevado, extremo y *jaya* es una victoria o saludo, que se expresa en voz alta. Su característica principal es que no se trata de una respiración silenciosa, sino todo lo contrario, ya que, para su ejecución, tenemos que contraer los músculos de la parte posterior de la glotis. De esta forma, el aire que entra por las fosas nasales sin ruido alguno, al alcanzar la laringe y antes de continuar su trayecto hacia los pulmones, produce un sonido uniforme, regular y continuo.

Esta vibración es la contracción de las cuerdas vocales, lo que provoca que el aire vibre al inspirar delante de la glotis y detrás de ella, al espirar. Debido al roce del aire en la glotis, la respiración *ujjayi* está en relación directa con *agni* (fuego digestivo), que elimina impurezas y, al fluir más energía, se expande la consciencia meditativa. La respiración *ujjayi* desarrolla la capacidad pulmonar, equilibra el sistema nervioso y ayuda a combatir las fluctuaciones mentales. Al favorecer los estados de interiorización, concentración y meditación, aumenta la capacidad de resistencia de todo el organismo y mejora el funcionamiento de la glándula tiroides y el quinto chakra, *vishuddha*. Con la respiración *ujjayi* ayudamos a *apana vayu* a eliminar toxinas, a través de la sudoración.

La contracción de los músculos de la glotis produce una suave presión sobre los senos carotídeos, lo que provoca la ralentización del ritmo cardíaco y el descenso de la presión sanguínea. Y, a un nivel más sutil, estimula el nervio vago y *anahata chakra*, creando más vibraciones de amor (*spanda*). *Ujjayi* te permite sentirte más pleno durante la práctica y entras en la frecuencia del amor a través del cuerpo.

Con los *drishtis, bandhas* y *ujjayi* desarrollas tu intimidad con *prana Shakti* y, al mismo tiempo, *Shakti* desarrolla de forma natural *drishtis*, *ujjayi* y *bandhas* al profundizar en los *vinyasas*. Como le dijo Krishna a Arjuna:

Arjuna, no importa cuán lejos llegues o qué es lo que hagas. Practica Yoga, hazlo cuanto más mejor. No te perderás en el camino.

De este modo, descubres que tu relación con la energía desbloquea algo en ti y, cuanto más prácticas, más notas los cambios en tu cuerpo y en tu vida, tal como una llave que abre el corazón. Cuando probaba distintas llaves, la puerta del interior no se abría, por eso puse mi fe en las secuencias que fueron diseñadas con mucha destreza y pulidas a lo largo de muchos años. Se puede percibir que fueron creadas basándose en la práctica y la observación, porque en sus efectos hay ausencia de mente. Si se practica una secuencia de *vinyasa* creada con objetivos muy específicos, se pierde la esencia holística del Yoga y también, si es creada por alguien que lleva pocos años de práctica, algo no funciona. Por eso respeto a los grandes yoguis, ya que, gracias a su dedicada práctica durante décadas, pudieron crear secuencias realmente transformadoras sobre la base del fluir de *prana Shakti*.

La práctica de *vinyasa* me mostró también mis peores miedos, mis resistencias más ocultas al entrar en ciertas posturas, y con los años aprendí a respirarlas, pero con la práctica y con paciencia, empecé a ser testigo de una transformación en mi cuerpo, a sanar, y a sentirme mucho mejor en mi vida. *Vinyasa* me regaló la posibilidad de estar realmente en el momento presente. Sentía dicha, euforia y éxtasis al terminar la práctica, me brillaban los ojos y sobre todo notaba cómo mi corazón se abría más y más. Desde la práctica, todo lo demás viene, absolutamente todo. Como nos decía Patañjali en el *Yoga sutra* 11.28:

La práctica del Yoga destruye las impurezas del cuerpo y de la mente. Y se alcanzará la madurez, inteligencia y sabiduría desde el núcleo del ser, que hará funcionar en armonía el cuerpo, los sentidos, la mente y la consciencia.

Vinyasa es un Yoga que apunta al centro de nuestro ser, es revolucionario, radical, sumamente mágico. Por eso, los grandes yoguis no solo sugirieron una variedad de métodos para mantener la salud diaria y prevenir enfermedades, sino que nos mostraron a nivel práctico cómo curar lo más importante: nuestro corazón. Por ejemplo, el ayurveda, el sistema médico de las tradiciones yóguicas, nos enseña cómo utilizar la alimentación, los aceites calientes, la meditación, las plantas, así como la importancia de desarrollar una vida ética y holística para mantener la salud y la armonía del corazón.

Yoga y ayurveda sostienen que nuestra capacidad de sentir está íntimamente asociada con nuestra capacidad para digerir y asimilar los alimentos que comemos y las experiencias que tenemos. Aunque parece no estar relacionado con la práctica de *vinyasa*, notarás que tu vida se transforma en cada ámbito. Te conecta con los poderes que hay en tu cuerpo, y eso hace que te sientas más vivo, que quieras alimentarte y conectarte con el *prana* que hay a tu alrededor.

Si nuestro poder digestivo es débil o nuestro sistema nervioso está sobrecargado debido al estrés, la ansiedad o el agotamiento, no podemos digerir la comida y nutrirnos, y tampoco podemos responder adecuadamente a las demandas de la vida. Nos falta vitalidad, fluidez, nos sentimos pesados, porque la falta de fuego digestivo (*agni*) repercute en nuestras relaciones; por supuesto, también en nuestra práctica de *vinyasa*, ya que los dos no se pueden separar, influyen uno en el otro.

Hace miles de años, nuestro salto evolutivo ocurrió cuando pudimos procesar la comida más fácilmente, gracias a empezar a cocinar los alimentos con fuego. Podíamos comer más en menos tiempo y aprovechar mejor cada alimento, se consumía menos oxígeno en la digestión. Por lo tanto, teníamos más tiempo para hacer todo lo que queríamos hacer, había más sangre en el cerebro y podíamos usarlo de forma creativa. Un cerebro que, poco a poco, se iba haciendo más grande.

El nombre *ama*, en sánscrito, se refiere a los desechos acumulados en nuestro cuerpo, cuando no podemos digerir o asimilar alimentos o experiencias vividas, que a veces son como toxinas. En *ama* están las semillas de la enfermedad y el fuego es el elemento de transformación y asimilación; por eso cuando no podemos asimilar algo, nuestro fuego necesita ser atendido. Desarrollar nuestro fuego digestivo, más allá de cocinar los alimentos, nos ayuda a una mejor eliminación de *ama*, por una buena digestión, con la que mantenemos nuestro sistema limpio y nuestro cerebro funcionando de manera óptima.

Así pues, las secuencias de *vinyasa* están diseñadas para ayudarte a aumentar tu *agni* y para que tengas un apetito y una digestión óptimos, tanto de los alimentos como de las vivencias, porque también trabaja con el fuego del corazón, ayudándote a conectarte con tu esencia, tu alma y las almas que te rodean. El fuego biológico te ayuda a mantener tu cuerpo sano y pleno de energía y vitalidad, de *prana*, para evolucionar, ofreciéndote equilibrio, que es la clave para desarrollar claridad emocional y mental.

Con la práctica continua, es como si el cuerpo se retorciera como un paño en una dirección y, luego, en su movimiento complementario. Al incrementar el calor producido por la respiración (*ujjayi*), como si de agua caliente se tratara, escurrimos la suciedad, permitimos la libre circulación de los *vayus*, del *prana*, y, abriendo las arterias, la sangre fluye. A nivel físico, la circulación sanguínea en el momento de una flexión o extensión o torsión, y luego al salir, vuelve a circular con más fuerza. Todo esto es muy beneficioso si experimentamos dolores crónicos y bloqueos kármicos (*chitta vrittis*), que se han ido acumulando, como un paño que acumula la suciedad, durante mucho tiempo. Al escurrir el paño con agua caliente, creamos calor interno (*tapas*) y, al secarlo con los rayos del sol, la consciencia pura que somos (*atman*), soltamos lo que se tenga que soltar con la práctica de *vinyasa*, nos purificamos y nos desintoxicamos, generando más fluidez a todos los niveles, reestableciendo nuestro equilibrio y la forma de relacionarnos con nosotros mismos y con los demás, haciendo que nuestro corazón sea más puro (*sattva*).

Quiero que entiendas que el sistema *vinyasa* es una práctica de posturas intensa a nivel energético que, al combinar la respiración, el movimiento y la percepción de *prana Shakti*, hace que nuestro karma empiece a hervir, eliminando bloqueos energéticos, toxinas, y todo lo que frene nuestra evolución como personas. Las aulas son como un horno no porque haya calefacción, sino por el calor generado por todos sus practicantes. Renaces y te sientes más vivo. Purificas tus músculos y tus órganos, el sistema nervioso se equilibra y la mente se armoniza. *Vinyasa* es un proceso de transformación. Con tu respiración, con tus posturas, con tu energía fluyendo, te conviertes en uno; y eso es unión.

Llegó un momento en mi práctica en el que las palabras «yoga» y «meditación» se convirtieron en palabras idénticas. Mi práctica de *vinyasa* se convirtió en una meditación en movimiento, no solo en la esterilla, sino que permanecía en ese estado durante el resto del día. *Vinyasa* hizo que *shakti* fluyera como ríos jóvenes que me devolvían la vida.

Con la práctica podrás revivir y abrirte a la vida, desde el corazón, y sentir infinitas posibilidades nunca contempladas. Ten fe y abandónate al proceso, porque al experimentarlo, como nos indica el *Kaushitaki Upanishad*, descubrimos que:

> Ningún fenómeno se produce a través del uno sin el otro, porque el *prana* es también el *prajnatman* (el conocimiento del alma), es la dicha, no envejece, es inmortal. ¡Oh! Este es mi *atman* (alma) que uno debe conocer. ¡Este es mi *atman* que uno debe conocer!

2. *Prana* espiritual y las tres artes progresivas

Las personas, los océanos, las estrellas son entidades que, aparentemente, parecen separadas unas de las otras, pero en realidad son la expresión del mismo flujo en movimiento que existe en el plano del tiempo, conformando el universo (*maha prana*). Como con Parvati, es la energía que nos conecta a toda la Tierra, el *prana* espiritual, y es también conocida como *Shakti* espiritual.

Existen tres puertas para acceder al río pránico que une todo y que al mismo tiempo purifica nuestro corazón. Las dos primeras son puertas naturales creadas por el *prana* biológico. Y la tercera es la puerta meditativa de nuestra práctica de *vinyasa* como meditación en movimiento, el *prana* espiritual. La intención (*sankalpa*) de abrir la tercera puerta es la de recuperar la unión espiritual, entre alma y cuerpo, sintiendo que no estamos separados y que somos un todo para vivir con sabiduría, intuición y fluidez.

La primera puerta es supervivencia. Cuando sobrevivimos a una experiencia límite, hay esfuerzos mecánicos que hacen que la mente se ausente, como sucede por ejemplo al escalar una montaña. Las amenazas que puedan surgir durante la escalada hacen que la mente se rinda a los instintos subconscientes del *prana* y, al expandirse la consciencia, entramos de forma instintiva en un estado meditativo. Al practicar estas actividades de riesgo, entramos en el aquí y el ahora, en total presencia, sentimos incluso esa unión con la montaña y los paisajes, pero las personas que eligen esta puerta, a pesar de los riesgos que conlleva, no conocen otra forma para acceder al *prana* y al estado de plena presencia.

Hemos nacido con la polaridad energética del cuerpo *pránico*, que es exactamente el mismo que el de un animal. Aunque, como seres humanos, tenemos la posibilidad de ser conscientes a través de un sexto sentido: nuestra consciencia, que no tienen los animales. Por lo tanto, poseemos un don que se ha desarrollado a través de los milenios y que nos permite ser conscientes en situaciones de supervivencia.

Tenemos la facilidad de elegir estar a favor o en contra de aquello que está presente. Los animales son guiados por los impulsos y no tienen libertad para elegir, pues responden a lo que está presente directamente a través de las reacciones instintivas. Estas reacciones no son elecciones personales, sino reacciones ante las leyes naturales que guían nuestro comportamiento y responden directamente a impulsos subconscientes del *prana* biológico.

Cuando aprendes a abandonarte a lo que está presente, permaneciendo en ese estado no reactivo, automáticamente liberas al cuerpo del fluir del *prana* y respondes antes a sus necesidades en el momento presente, no piensas en el pasado o en el futuro, también conocido en el budismo como «mente de principiante». Por eso, en la tradición del Yoga se menciona que un gran miedo en nuestras vidas puede convertirse en la puerta a ser consciencia plena en el aquí y ahora.

La dimensión sin forma del espíritu (*Shiva*) se manifiesta por medio de formas naturales con polaridad equilibrada (*Shakti*). El cuerpo *pránico* es el mismo cuerpo que regula las leyes universales, que sostienen el equilibrio ecológico de todo el universo a través de su inherente inteligencia.

La segunda puerta es el sueño. Cuando estamos despiertos, nuestra mente domina y controla el *prana* subconsciente. Ahora bien, en el sueño desaparece la mente consciente, por eso el sistema nervioso autónomo es más activo al estar relacionado con la mente subconsciente al *prana*. Durante el sueño, al haber descanso en ausencia de la mente, el sistema nervioso autónomo involuntario libera el *prana* para que haga sus funciones regenerativas y restauradoras, pero solo puede restaurar las funciones biológicas. No puede operar en la consciencia más allá de la mente para trabajar aspectos que bloquean nuestra evolución como personas. Esos aspectos permanecen inalterados y, cuando despertamos, la misma mente que domina el *prana* permanece intacta, pues no se ha purificado.

Sin embargo, cuando aprendemos a entrar en el estado de sueño biológico creamos un puente para entrar conscientemente en la zona espiritual. Esa es la base, por ejemplo, de la práctica de *yoga nidra* o el Yoga del sueño. Engañamos a la mente haciéndole creer que va a dormir, pero en realidad vamos a meditar a través del proceso biológico de ir a dormir, sin dormirnos, meditamos. Y podemos reconocer, soltar bloqueos psicosomáticos y descansar en un estado meditativo ofreciendo más equilibrio restaurativo y regenerativo a todo el cuerpo. Cuando no hay comprensión de este enfoque tántrico, la práctica de *yoga nidra* es vista como una profunda relajación.

La tercera puerta es la consciencia meditativa, la consciencia de *Shiva*. Cuando la actividad del *prana* se libera conjuntamente, creamos equilibrio biológico (homeostasis) y espiritual (unión). El alma y el cuerpo están integrados. La energía subconsciente se hace consciente, se despierta *prana Shakti* y se convierte en una fuerza hacia el alma que somos en esencia. Entramos en el estado meditativo no dual (*turiya*) de forma consciente.

Rosetta Cooks es una bailarina muy reconocida que dijo sentir que desaparecía cuando bailaba, y su esposo a eso lo llamaba de forma graciosa el nivel zombi. Sin embargo, la bailarina comentaba que lo que sucedía con el baile es que era momentáneo y no podía repetirse con exactitud. Muchos estudios confirman asimismo que tenemos una habilidad para entrar en el estado de flujo. Numerosos atletas logran entrar en esa zona cuando alcanzan un estado de relajación profunda, justo antes de iniciar la actividad deportiva, y precisamente en ese estado encuentran su mejor rendimiento y comparten el hecho de desaparecer en dicho estado de flujo.

Cuando nuestra mente domina el *prana*, nos induce a pensamientos que alteran la armonía y el autoequilibrio de la sabiduría corporal. Y si la mente ha estado lidiando con un bloqueo psicosomático, habrá iniciado una reacción de lucha/huida del sistema nervioso simpático. Pero cuando te permites con la práctica de *vinyasa* estar completamente absorto por el *prana*, tu práctica se convierte en un proceso de transformación biológico y espiritual, purificas el corazón y la mente, has aprendido con la tercera puerta a acceder a revitalizarte y ser más unión.

Para refinar la habilidad de la tercera puerta, y amaestrar el arte de pasar en la práctica de *vinyasa* de «la energía que sigue a la atención consciente» a «la atención consciente que sigue a la energía», es importante pasar de «hacer» las posturas a «sentir» las posturas a través de las sensaciones que se revelan, hasta poder convertirse en las mismas sensaciones energéticas y absorberse en una meditación en movimiento. *Prana Shakti* se funde con *Shiva* y empiezas a danzar. Eres unión con la creación. Hay una historia antigua que escuché en el *ashram*, basada en el principio yóguico, que nos revela la esencia de la unidad en la vida y su movimiento cohesionado:

El rey Janaka, un gobernante de aclamada sabiduría, vio perfecta armonía en todo, aunque vivía en medio de muchas actividades. Un día, una persona llamada Sukabrahman visitó la corte de Janaka en busca de consejo espiritual. El rey Janaka preguntó así: «¿Qué viste en el camino?». Sukabrahman respondió: «Vi casas hechas de azúcar, calles hechas de azúcar y animales hechos de azúcar. Al acercarme, vi tu palacio hecho de azúcar y, como aquí de pie frente a ti, ¡veo que estás hecho de azúcar y yo también estoy hecho de azúcar!». El rey Janaka se rio y dijo: «No hay nada más que debas saber. Eres una persona sabia, eres un alma despierta y consciente y no necesitas ninguna enseñanza. Eres la misma fuente de sabiduría que habita en tu cuerpo y en todo, eres el dulce néctar de inmortalidad (*amrita*) que existe en cada elemento, tanto del Cielo como de la Tierra».

Según la sabiduría tántrica aplicada al Yoga, cuando amaestramos a nivel práctico el flujo de amor que vibra en nuestros cuerpos, nos convertimos en un ser compasivo que vive con presencia y emana autenticidad en cada momento. A fin de lograr esto, hay tres artes yóguicas para practicar *vinyasa* con este propósito y, al mismo tiempo, son etapas que permiten que desarrollemos una mejor relación con *prana Shakti* a nivel biológico y espiritual.

La primera etapa es *el arte de pranaprabalya vinyasa*: practicar las posturas conscientemente. Aquí, la intención es que durante nuestra práctica intensifiquemos la energía biológica para rejuvenecer nuestro cuerpo físico.

La segunda etapa es *el arte de pranafurana vinyasa*: está dirigida a la liberación de nuestro *prana* espiritual, por medio de un equilibrio parcial entre hacer la secuencia de posturas clásicas de *vinyasa* y permitir movimientos complementarios que la inteligencia de la energía pida dentro de la misma secuencia. Y la tercera etapa es *el arte de pranotthana vinyasa*: desde la perspectiva tántrica, *pranotthana* es el despertar de la acción fluida, espontánea y creativa, guiada únicamente por la inteligencia del *prana* espiritual, o también conocida como *kriyashaktis*, que son los movimientos de *Shakti*. Esta energía sabia es la que hace posible que todo recobre vida, es el milagro de la existencia, es el amor que lo abraza todo, y fluyes con su movimiento. En esta última, *pranotthana vinyasa*, amaestras el arte de amar y su práctica es la danza del amor; *vinyasa yoga* como meditación en movimiento.

Estas tres artes son las tres etapas en las que progresivamente la energía toma inteligencia y autonomía. *Pranaprabalya vinyasa* es la primera práctica que tienes que amaestrar. Por ser la primera etapa, es también conocida como práctica consciente, ya que la energía vital se intensifica y rejuvenece el cuerpo físico. En esta etapa, las posturas son producto de la acción de la consciencia y las ejecutamos bajo total concentración, con *drishtis* intencionados y con los ojos abiertos. Su objetivo es que fortalezcas y aumentes el vigor físico del cuerpo, eliminando toxinas (*amas*), y rejuveneces (*ojas*). Los *bandhas* intencionados son característicos de esta primera etapa en la práctica de *vinyasa*, para luego poco a poco adentrarnos en las otras dos etapas, que son progresivas hasta alcanzar un *vinyasa* como una danza, como una meditación en movimiento, fluyendo libremente bajo la sola guía de *Shakti*.

En esta primera etapa de *vinyasa*, sea cual sea la secuencia preestablecida que practiques, es necesario que evites acumular tensión en el cuerpo durante la postura, porque, de lo contrario, la energía no podrá fluir con libertad y hay un riesgo muy alto de que te lesiones. En esta etapa, puedes empezar a realizar *micromovimientos* espontáneos dentro de la postura en sí y empiezas a sentirte cómodo con la sabiduría de *Shakti*.

De este modo, una vez que esta etapa alcance la madurez, la concentración (*dharana*) aumentará a causa de un mayor flujo *pránico* en el cuerpo.

Según la sabiduría tántrica *pranafurana vinyasa*, la segunda etapa de la práctica de *vinyasa*, está dirigida a la liberación del *prana* espiritual, por medio de un equilibrio parcial entre hacer una secuencia y permitir movimientos complementarios que el cuerpo pida dentro de la misma secuencia. Así empiezas a abandonarte parcialmente a la inteligencia del *prana*, aunque no del todo. La misma práctica en sí te absorbe de forma progresiva, alcanzando un estado de relajación tal que te permite disfrutar de las sensaciones que has despertado en cada postura y, poco a poco, hay menos mente que te indica hacer la transición hacia una postura u otra.

Si en esta segunda etapa no accedemos a las sensaciones, a la forma en cómo se manifiesta la energía, lo más probable es que haya mente y haya control. La mente no puede percibir, escuchar u observar las sensaciones que se van despertando gradualmente en la secuencia que se ha elegido practicar. Cuando eres consciente de las sensaciones y pensamientos en las posturas, alcanzas lugares de tu cuerpo que necesitan de tu atención para liberar esa sensación intensa, y esa misma liberación energética te lleva a un movimiento complementario producido por la energía liberada y, como si fuera una nueva corriente de un río, haces la siguiente postura dentro de la secuencia que te has propuesto practicar. Estás en la secuencia, pero al mismo tiempo, te das permiso para recorrer otros caminos distintos al principal que te has propuesto practicar.

En la tercera etapa de la misma secuencia, *pranotthana vinyasa*, despertamos el *vinyasa* como meditación en movimiento, que es nuestro objetivo a nivel práctico, porque nos enseña a practicar con fluidez en el día a día. En esta etapa, aprendes a acceder a un *vinyasa* completamente fluido, espontáneo y creativo, guiado solo por el fluir del *prana*. Decides salirte del camino principal y ya no volver. Te das permiso para explorar otros valles, paisajes, te abres a lo no conocido. Lo importante es que primero hayas consolidado las etapas uno y dos durante algunos años y luego las puedes combinar en tu *sadhana* semanal hasta alcanzar la etapa tres en una misma sesión. Ahora bien, te recomiendo como mínimo un año con práctica semanal o incluso casi periódica, y luego puedes combinar *sadhanas* de la etapa tres (fluido) con las del dos (medio fluido) y el uno (preestablecido).

El *prana* se manifiesta de forma gradual en las secuencias de *vinyasa* a través de tres centros que se corresponden con las tres etapas: el centro de pensamiento (*pranaprabalya vinyasa*), el centro de sensaciones (*pranafurana vinyasa*) y el cen-

tro del ser (*pranotthana vinyasa*). Cuando ejecutamos posturas desde la consciencia, las etapas uno y dos, estas empiezan
desde el centro de pensamiento al centro de las sensaciones,
es decir, de afuera hacia dentro, por lo que pasamos gradualmente a través de las tres etapas de una misma secuencia de
vinyasa de *hacer que suceda* (hacer posturas desde la atención consciente) a *permitir que suceda* (hacer posturas desde
la energía).

Si estás en el centro del ser, etapa tres, no puedes seguir una
secuencia preestablecida, porque estás completamente absorto, eres la misma energía que fluye a través del cuerpo, lo que
es distinto a cultivar consciencia en las posturas de una secuencia ya establecida. En la etapa uno desarrollamos la energía
que sigue a la atención consciente; la etapa dos es una transición a la tercera, donde desarrollamos la atención consciente
que sigue a la energía, meditación en movimiento a través de
los *kriyashaktis*. Este es el gran secreto: aprender a abandonarte a la inteligencia del *prana* espiritual (*Shakti*) de vuelta
a casa (*Shiva*). De la misma manera que tu cuerpo está hecho
de células, tu alma se manifiesta como energía que fluye a través del cuerpo. Es una enseñanza tántrica muy poderosa, que
permite la unión verdadera de Shakti con Shiva.

Los *kriyashaktis* se refieren a las acciones espontáneas de
la práctica de *vinyasa*: la tercera etapa, *pranotthana vinyasa*,
funciona tanto a nivel biológico como a nivel espiritual. Las
acciones inteligentes del *prana* (*kriyashaktis*) toman protagonismo en tu *sadhana* y producen, según la tradición yóguica,

la verdadera sanación física, restaurando el vínculo con el espíritu, con nuestra alma.

«*Kriya*» es una palabra en sánscrito que hace referencia a las acciones no mentales del *prana*, que son acciones espontáneas, puras, nuevas y orgánicas. Esta conexión con la fuente de la sabiduría es la guía de nuestra vida. *Shakti kriya*, también conocido informalmente como *kriyashakti*, con las dos palabras juntas, dará lugar, entonces, a acciones espontáneas, regenerativas, restaurativas y autoorganizadas en las posturas nacidas de la «sensación sentida» con movimientos fluidos; son Shiva y Shakti bailando su *tandava* de forma suave, armónica, es amor en movimiento. Esa es la clave para abandonarte a la sabiduría sagrada que fluye a través del *vinyasa*. Cuando sucede es mágico y se siente en la sala, porque es un momento de gran dicha.

Una vez que hemos explorado la naturaleza del *prana* biológico y espiritual, la tradición tántrica nos enseña que hay cinco acciones del *prana* que toman acción operando dentro y fuera de nosotros y que experimentamos en diferentes formas, y que conforman la anatomía de los *kriyashaktis*. El primero es *para-shakti*, que es el *shakti* que trabaja en un nivel cósmico: la luz generada por el sol, la rotación de los planetas, el calor y otras formas de energía bruta. El segundo es *kundalini-shakti*, entendido como electricidad y magnetismo, y es también la *Shakti* oculta e interna enrollada como una serpiente en la base de nuestra columna vertebral.

Sin embargo, vamos a fijarnos en las otras tres principales acciones de *Shakti* que están involucradas en la práctica de los *kriyashaktis* a través de los *vinyasas* de la etapa tres, también presentes en tu día a día, cuando hay una mayor fluidez. Estas tres formas de *Shakti* son: *jnana-shakti* (reconocer), *iccha-shakti* (reconectar) y *kriya-shakti* (responder). Son también conocidas como las tres «R»: reconocer, reconectar y responder, que son el ADN de los *kriyashaktis*.

El primer elemento es reconocer, un concepto basado en el principio tántrico de *jnana shakti*, definido como la energía del conocimiento. Significa ser consciente y reconocer con sensibilidad, percepción, escucha y observación. Desde la consciencia, reconocemos las sensaciones que se están produciendo en el cuerpo a través de la postura, son la energía *pránica* que se manifiesta. Desarrollamos *jnana-shakti* sobre todo en las secuencias *vinyasa* de la etapa uno, aquellas que, como sabemos, están preestablecidas.

El segundo elemento es reconectar, concepto relacionado con el principio tántrico *iccha shakti*, definido como la energía de la intención, que ponemos en la práctica de *vinyasa* para reconectar con las sensaciones que estaban olvidadas en nuestro cuerpo. Este segundo elemento está relacionado con la intención de prestar atención a esa sensación en los minutos iniciales de tu *sadhana*, en el que desarrollas el *vinyasas* de la etapa dos: nos abrimos poco a poco a seguir el movimiento del *prana*.

Por último, tenemos el tercer elemento: responder, que está relacionado con *kriya shakti*, un concepto tántrico definido como la energía de la acción, de donde procede la palabra *kriyashaktis*. La energía de la acción es la acción natural de responder de forma espontánea, en lugar de reaccionar mentalmente con un cómo, ante las sensaciones energéticas que se producen en la postura, y así sucede con las posturas entrelazadas (*vinyasa*). Es la acción del fluir espontáneo en la postura ante lo reconocido (*jnana shakti*) y reconectado (*iccha shakti*), y nos permite movernos sobre el flujo natural de la energía reconocida, que quiere ser liberada en la postura.

Ahora, la acción de fluir es lo que otorga integridad, coherencia y presencia, ya que gracias a la postura se está manifestando algo realmente nuevo. Estás abriéndote a una nueva postura que ese movimiento pide en sí: o estar sentado en meditación, o permanecer en *savasana*. Por lo tanto, ya lo habrás intuido, desde la energía de la acción (*kriyashakti*) no puedes hacer nada incorrecto. Ya no eres el que hace la *sadhana*, sino que es el *prana* quien te guía a través de posturas espontáneas, pues el *prana* tiene la sabiduría de saber lo que tiene que hacer. Confías en ella, porque confías en *Shakti*.

Para comprender mejor cómo operan estas tres energías, tomemos como ejemplo una acción concreta de nuestro día a día, algo tan simple como rascarse la cabeza. Podremos ver en este caso cómo se manifiestan las tres formas de *Shakti*. A través de *jnana shakti*, reconoces e identificas el picor que está en tu cabeza y tienes el conocimiento, de acuerdo con tu percepción, de que al rascarla aliviarás las molestias. Entonces, te surge la intención de aliviar el picor rascándote, involucrando a *iccha shakti*. Luego viene la acción, *kriya shakti*; en este caso, la acción de responder rascándote la cabeza.

Si eliminamos cualquiera de las tres formas de *Shakti* en este ejemplo, ¿qué sucede? No hay éxito en aliviar el picor, es así de simple, ya que no hay un movimiento natural, espontáneo. En ocasiones, estamos tan distraídos que no somos conscientes y no reconocemos los picores en nuestro cuerpo, o esas sensaciones pesadas que involucran a nuestro corazón y a la memoria kármica. Pero siendo consciente, percibes las sutilezas y te rascas la cabeza sin pensarlo, es decir, cuidas tu corazón y aprendes a amarte.

De modo que, como con las posturas y sus sensaciones en la etapa tres, surgen *kriyashaktis*, porque has aprendido a reconocer las sensaciones que aparecen y has aprendido a responder con sabiduría. Pero si solo hacemos *vinyasas* de la etapa uno, dejamos de ser naturales, cultivamos la rigidez y nos encerramos en una práctica preestablecida, en una forma de ser limitada y condicionada para responder a cada situación en la vida. Habría ausencia de sabiduría y todas las respuestas estarían condicionadas por la mente, incluso pasaríamos por alto el hecho de que surgen sensaciones en el cuerpo, porque estamos ocupados en hacer la postura.

Cuando somos conscientes de estos tres elementos en nuestra *sadhana* de *vinyasa*, experimentamos más integración con *Shiva* y *Shakti*, entramos en un estado meditativo a través de la práctica, y respondemos con sabiduría a todo lo que surja. A medida que fluye más *Shakti* en tu cuerpo, se manifiesta en sus muchas formas para producir creatividad, inspiración, sabiduría y amor en el día a día. Reconocer (*jnana shakti*), reconectar (*iccha shakti*) y responder (*kriya shakti*) con gran sabiduría y amor. Así, *kriyashakti* es una forma de reconocer lo que sentimos, lo que sucede en nuestro cuerpo, es la inteligencia de la energía que se expresa por sí sola.

Cuando practiques y desarrolles tu habilidad para acceder fácilmente a *Shakti*, podrás adentrarte en secuencias combinadas de la etapa dos y tres, sin tener que pasar por la etapa uno, e incluso podrás hacer secuencias únicamente de la tres. Desde el primer momento en el que te sientes en la esterilla, tu habilidad te permitirá dejarte fluir. Si decides como en otras ocasiones hacer únicamente secuencias de la etapa uno, o si sientes tu cuerpo, y sea cual sea la secuencia que hagas, será correcta porque brota de tu corazón.

De esta forma, a medida que profundizas en tu práctica de *vinyasa* como una danza sagrada y espiritual, te darás cuenta de que todos compartimos un anhelo de conexión, para amar a los demás sin pedir nada a cambio. El fluir del *vinyasa* como meditación en movimiento restaura y renueva tu unión interior y, si hay unión en ti, habrá unión con los demás. Podemos escribir poesías o dar clases sobre el amor, pero primero lo tenemos que experimentar.

Cuando sentimos la energía en nuestro cuerpo, no planificamos una *sadhana* en casa, sino simplemente desenfundamos la esterilla y nos dejamos guiar por la sabiduría del *prana*, de *Shakti*. En el movimiento espontáneo de coger la mano a alguien o de mirarle a los ojos, estás más presente con el movimiento energético de tu cuerpo hacia la vida, estás más presente con tus hijos, pareja, familiares, compañeros de trabajo, animales, plantas, en cualquier situación. Los *kriyashaktis* nacen del alma y se manifiestan a través de la energía: son las acciones de amor que te conectan con la vida.

En esencia, *kriyashakti* nos brinda la oportunidad de vivir conscientes y, al mismo tiempo, siendo inocentes, con mente de principiante, porque eso te ofrece felicidad en la vida. Cuando comprendas que el amor no es teoría, sino el fruto del movimiento energético que nace de tu alma, querrás volver a la fuente, encarnar tu esencia y emanar la vibración de amor. Solo podemos practicar el amor al sentir que no hay separación entre tú y yo, generando una felicidad que perdurará con el tiempo. Si durante la práctica dejas que nazca en tu esterilla la expresión orgánica, sabia y creativa del *prana*, tal como en cualquier otro aspecto de tu vida, te haces más compasivo y presente en el aquí y ahora, aprendes a amar, empiezas a abrazar cada momento. Esa será tu intención más profunda.

Al igual que Parvati, cuando practicamos con devoción, respondemos a la vida con un corazón puro, lleno de humildad, agradecimiento y entrega.

3. De la consciencia a la meditación en movimiento

Si bien ha estado presente en la tradición tántrica durante siglos la noción de «sensación sentida», tomó protagonismo en la década de los 1960 en los círculos de psicología de Occidente. El mayor impulso vino del filósofo experiencial Eugene Gendlin y su colaborador, el famoso psicoterapeuta Carl Rogers, un incansable investigador de los procesos terapéuticos. El concepto *felt-sense* fue desarrollado a partir de los 1960 en el contexto terapéutico. Después de investigar cientos de grabaciones de sesiones terapéuticas, el doctor Gendlin descubrió que las personas que se ponían en contacto con sus sensaciones corporales y se permitían expresarlas concluían con éxito su terapia. Pero imaginemos que estas personas en lugar de estar hablando de sus sensaciones, sentados en una silla o en un sofá, estuvieran en una esterilla de Yoga, sintiendo, explorando y despertando sus sensaciones.

Las posibilidades de expresión serían mayores que cuando nuestro cuerpo está en una postura sin moverse, bloqueando la energía de la que está hecha la sensación sentida. ¿Qué pasaría si esa misma persona tuviera una mayor posibilidad de movimiento para explorar otras sensaciones que difícilmente pueden aparecer al estar sentado?

La práctica de *vinyasa* desde una consciencia meditativa y con un enfoque en las sensaciones sentidas es un punto clave, muy distinto a la terapia, porque en lugar de hablar de la sensación que aparece, es mucho más eficaz sentirla y permitir que se exprese desde las posturas. En este sentido, *vinyasa* tiene un gran potencial de transformación. Y justo eso es Yoga, porque, como siempre se dice en la tradición: «Si la práctica de Yoga que haces no cambia cada aspecto de tu vida, no es considerado Yoga».

Si bien la práctica de *vinyasa* no trabaja para localizar un suceso específico y hablar sobre él, sigue siendo altamente transformadora. En lugar de hablar sobre la sensación sentida o de únicamente prestarle atención desde una silla, bloqueando la energía por la postura de sentado, lo que ofrece el *vinyasa*, bajo la guía de esa sensación sentida (absorción en el límite), es permitir que el cuerpo psicosomático, la memoria *kármica* atrapada en el cuerpo, se exprese a través de su liberación. En ese punto, Shakti se encuentra danzando su *tandava* delante de Shiva. Acceder en las posturas a la sensación sentida es la gran enseñanza tántrica de liberación, de fluir, de danzar en el *vinyasa*. Esa es la esencia de la transformación de esta milenaria práctica.

Si queremos lograr que el cuerpo y la mente se vuelvan uno, se integren, solo debemos pasar del *centro de pensamiento* al *centro de sensaciones*, hasta alcanzar el *centro del ser*. Si en tu práctica te dejas llevar por la sensación que sientes, quizás haya movimiento, o quizás no lo haya, porque no tienes preferencias. De este modo, te absorbes en el momento presente, donde el tener que hacer esta postura o la otra no debe ser un requisito para reconocer las sensaciones energéticas con interpretaciones mentales de hacer esta *asana* o aquella *asana*.

Toda relación en tu vida se basa en la capacidad de estar presente. Al practicar *vinyasa* con fluidez meditativa, aprendes a estar en el momento presente (*abhyasa*), a soltar los cómo aprendidos para practicar (*vairagya*), y empiezas a sentir la práctica en el momento presente, sin apego al resultado final (*nishkam karma*). Tu propósito en la práctica es saborear su momento como una meta en sí misma, porque cuando hay honestidad (*karuna*), desarrollas la capacidad de encontrarte en la vida en el momento tal como es, y eso es una bendición. El milagro que puede ofrecerte tu práctica es la belleza de estar conectado a la vida, de amar sin miedos, y te arriesgas, porque te abres al momento tal como fluya.

Las enseñanzas de las escrituras tántricas, *Samkhya Karika* de Ishvarakrsna, nos recuerdan que existe sufrimiento (*dukha*). También, las enseñanzas de Krishna a Arjuna, o las de Patañjali, nos indican que el camino está en el espacio abierto a infinitas posibilidades. Ese espacio meditativo en tu práctica de *vinyasa*, como hemos visto, se abre con *Shakti*.

Para seguir con la comprensión del *vinyasa* de la etapa tres, quiero ofrecerte una profunda y poderosa enseñanza tántrica, para que puedas practicar *vinyasa* como una *sadhana* sagrada y permitir que la Presencia del amor de Dios, y el fruto de la unión de *prana Shakti* y la consciencia de *Shiva*, se manifiesten en tu cuerpo. Durante los años que pasé en el *ashram* me fueron revelados los *diez pétalos de Shiva-Shakti*, también conocidos como las *diez claves progresivas de Shiva y Shakti*. Estas enseñanzas me hicieron comprender su gran belleza, porque nos ofrecen un mapa simple y claro de cómo puedes pasar de la etapa uno a la tres a nivel práctico en tu *sadhana*. Estas son: intención, sensaciones conscientes, respiración consciente, micromovimientos, consciencia del límite, movimiento complementario, integración en el tercer ojo, absorción en la sensación sentida, improvisaciones y variaciones, y *kriyashaktis*.

Los primeros siete pétalos son una preparación progresiva de las etapas uno y dos: «La energía sigue a la atención consciente», y los tres últimos pétalos nos conducen progresivamente al acceso a los *kriyashaktis*, la esencia de la etapa tres de la práctica de aprender el arte de fluir en el *vinyasa*: «La atención consciente sigue a la energía». Y, como dicen en las *Upanishads*, dejas de ser el que hace las posturas; Dios (*brahman*) es *prana*. Aquí te las ofrezco como claves progresivas para que conviertas *sadhana* de *vinyasa* en un ritual sagrado impregnado de divinidad.

Las siete primeras claves desarrollan las etapas uno y dos:
«La energía sigue a la atención consciente».

Pétalo I

Intención: lentamente, al principio de la *sadhana*, siéntate en meditación durante unos minutos y consigue la quietud física y mental. Junta tus manos delante del pecho creando un espacio neutral en el campo electromagnético; los pulgares, tocando el esternón, activan el punto reflejo del nervio vago, estimulando la secreción de las glándulas pineal y pituitaria, así entramos en un ritmo alfa, hasta alcanzar un estado meditativo. Conecta con tu cuerpo al retirarse de la interferencia de la mente que quiere controlar y analizar la práctica. La mente te aleja, con su conocimiento, de la sabiduría de tu cuerpo. Haz tu práctica de *vinyasa* con el espíritu desde el corazón (*bhavana*) para adentrarte a practicar una *sadhana* sagrada, meditativa, donde permitirás a la divinidad entrar en tu cuerpo y mente.

Pétalo II

Sensaciones conscientes: ya en la postura, escanea el cuerpo donde sientas sensaciones incómodas o intensas. La sensación es el único lenguaje del cuerpo para comunicarse contigo; la incomodidad (el dolor bueno) es un mensaje del *prana Shakti* para que le prestes atención. Esta es la zona objetivo (la energía sigue la atención consciente), el conocimiento práctico para dirigirte al *prana* congelado (sensación intensa), producida en la postura y al calor de tu atención consciente, y la respiración *ujjayi* se convierten en *prana* agua. Aproxímate al límite físico y mental del *prana* congelado que se manifiesta en la postura y, de nuevo, respira en *ujjayi* cinco respiraciones.

Centra tu mirada mientras se expande tu consciencia (*drishti*). Mantén constantemente tu enfoque interno en las sensaciones incómodas o intensas, respíralas, esto evita que tu atención divague. La combinación de la consciencia de escucha, percepción y sentir crea la experiencia unificadora del cuerpo, la mente y el espíritu en tu *sadhana*. Al reconocer las sensaciones que se revelan en tu cuerpo, de asana en asana, las recibes con apertura de corazón.

Pétalo III

Respiración consciente: al respirar en *ujjayi*, creas un cambio en el estado de consciencia de mental a meditativo de forma creciente. Cuando la respiración se utiliza en sincronía con las sensaciones que van surgiendo, te vas adentrando en una creciente absorción y silencio interior y el cuerpo empieza a crear calor interno (*tapas*) permitiendo que el *prana* empiece a fluir mejor.

Pétalo IV

Micromovimientos: ya en la postura, suavemente muévete de un lado a otro, adelante y hacia atrás, para explorar los espacios y límites de la postura. Haz cualquier pequeño movimiento que ayude a abrir cualquier sutil área no explorada mientras estás en la postura. Permítete sumergirte cada vez más en la profundidad de sentir la sensación de absorción al permitir que el *prana* guíe tus micromovimientos. Esta clave es muy importante porque desarrollas poco a poco la percepción consciente, *Shiva*, de conectar con la energía, *Shakti*. Los micromovimientos amplifican el sentir y el estar cada vez más absorbido en las sensaciones sutiles del *prana* sin esfuerzo o evasión.

Sé consciente de la respuesta del *prana* en sus impulsos y formas de querer moverse con el cuerpo. Observa aquello que es apropiado para ti y céntrate en cualquier sensación que esté presente y necesite tu atención. Permite al cuerpo moverse como si estuviera tocando su propia música. Muévete despacio utilizando la respiración *ujjayi*. Date permiso para explorar aquí con micromovimientos; menos tiempo si eres principiante y más tiempo para los practicantes experimentados.

Pétalo V

Consciencia del límite: no todo el mundo en una clase de Yoga tiene el mismo límite físico y mental en la postura dentro de tu *sadhana* de *vinyasa*. El límite es descrito como la habilidad de permanecer relajado en la intersección con la primera tendencia a reaccionar dentro de las posturas por las sensaciones intensas que esta produce. Cuando sobrepasamos el límite, la respiración cambia, los músculos se contraen, como defensa para evitar sensaciones dolorosas, y los pensamientos mentales consumen la consciencia. Clave es reconocer y no reaccionar, sino estar con él tal como es. Respirar el límite. Al mismo tiempo, tienes permiso para retroceder o salir de la postura con el fin de reiniciar el espacio interior y volver a entrar en la postura, mientras desde la consciencia observas las posibles reacciones mentales a las sensaciones energéticas provocadas al ser el límite. Aprendes a no reaccionar, a ser el límite del límite.

Mantén la postura en tu límite. Explora hacia delante y hacia atrás al inspirar y, al salir de tu postura un poco, espira al volver a estar en el límite. Cuando lo sientas, puedes salir de la postura para reiniciar en un momento de quietud y con un sentido renovado de quietud. Lleva tu atención a la respiración *ujjayi*. Relájate. Permite al cuerpo estar activo sin involucrar la mente. Retírate de participar en el diálogo interior que pueda producir la mente al estar en el límite de la postura durante cinco respiraciones en *ujjayi*. Trae tu atención a los puntos de enraizamiento y a las direcciones energéticas de la postura.

Pétalo VI

Movimiento complementario: al salir de la postura, inmediatamente atiende el movimiento natural y complementario que tu energía corporal te pide llevar a cabo para restablecer el equilibrio homeostático al hacer acciones opuestas a la postura realizada. Quien te guía no es la mente de cómo hacer ese movimiento complementario, sino que es la naturaleza de la energía liberada en el límite. Empieza por moverte de cualquier forma natural para permitir liberar tensiones en el cuerpo y restablecer el equilibrio.

Sé consciente de tu habilidad a la hora de reconocer la inteligencia natural del *prana* biológico para crear progresivamente la sentida sensación de equilibrio y quietud. Sigue la guía de la sabiduría del cuerpo de forma implícita que responde a la postura apenas realizada.

Pétalo VII

Integración en el tercer ojo: percibe la ducha de sensaciones que recorren todo el cuerpo. Permite que la liberación de las energías de *prana Shakti* confluyan en el tercer ojo, como si fuera el monte Kailash, donde está Shiva meditando. Descansa en la quietud, en el estado no dual. Sé la dicha, el silencio. Percibe la belleza de ser la misma consciencia pura. Te conviertes en el mismo Shiva. Disuélvete y desaparece siendo el silencio durante un instante. Encarna las escrituras yóguicas ancestrales de que tú no eres el que hace las posturas. La integración del tercer ojo facilita el reinicio energético para establecerte en el ser, la pura consciencia, antes de entrar en la nueva postura.

Las últimas tres claves desarrollan la etapa tres:
«La atención consciente sigue a la energía».

Pétalo VIII

Absorción en la sensación sentida: ya en las siguientes posturas te adentras en las que surgen en la etapa tres. Utiliza las sensaciones incómodas e intensas presentes en el cuerpo para atraer tu atención como una flecha busca la diana. Permanece en el límite del límite y permanece por unos momentos estable, sin movimiento, absorbiéndote en la sensación intensa producida. Encuentra dónde puedes permanecer relajado, o la tendencia a que los músculos se tensen. La respiración cambia y las resistencias mentales surgen.

En lugar de ser consciente de las sensaciones, sé absorción al sentirlas, ya no hay separación. Desplázate hacia el centro de esa tensión al profundizar con la respiración y permanece estable. Pasados unos momentos, empieza a hacer pequeños micromovimientos para explorar alguna rigidez no sentida o tensión en los músculos. Experimenta el retroceder un poco del límite de la postura con la inspiración y profundiza de nuevo en la postura al espirar.

Cada vez que termines el período de estancia en la postura, mantente totalmente absorto y centrado internamente, sintiendo la corriente de energía liberada. Participa en la sensación al sentirla, porque de ella surgirán las siguientes posturas. No observes las sensaciones, sino siéntelas, y así aumentarás el flujo de energía liberada. Justo en ese momento siente cómo se impregna tu cuerpo en el río sagrado del *prana*, que se purifica y sana, como si te bañaras en el río Ganges. Te sientes bendecido. Llegado a este punto de tu *sadhana* dejas de ser consciente para ser la misma energía absorta, eres *prana Shakti*. Dejas de hacer las posturas, para sentir y ser las posturas.

Pétalo IX

Improvisaciones y variaciones: permanece en la sensación sentida de cada movimiento por muy pequeña que sea, y acompáñalas, y adéntrate completamente en la sensación que surja, no reacciones o tengas miedo. Permite que la mente se disuelva en el fluir de las sensaciones. Y al sentirlas nacen los impulsos, los movimientos espontáneos de *Shakti*, que son la forma en que el cuerpo danza. Crea un espacio para sentirlas y fluir con su inteligencia. Envía tu respiración, no tu mente. Respira las sensaciones, siéntelas, obsérvalas, no las rechaces, no las analices, no luches o huyas con ellas. No les pongas etiquetas, si son buenas o malas. Es la energía despertándose. Siéntelas.

Mantén tu flujo de atención totalmente centrado en las sensaciones intensas del área del cuerpo, mientras se mueve con espontaneidad y ligereza; permite que el *prana* liberado te inunde de dicha durante la transición de una postura a otra y en los períodos de descanso. Observa cómo tu consciencia crece y está más refinada, mientras exploras cualquier variación o improvisación que surge de la energía dentro de la postura: estirar, flexionar, hacer torsiones, extensiones, relajarte, y liberar a tu cuerpo de antiguas tensiones acumuladas. No son micromovimientos que nacen de la atención consciente, sino improvisaciones y variaciones que nacen de la sabiduría pránica.

Permite ahora a tu atención consciente seguir la energía (*prana*), déjate llevar y guiar por las sensaciones que emergen de forma natural del cuerpo. Quizás la energía pida movilizar las caderas de lado a lado, el tronco o las caderas de forma circular, simplemente permite a la energía *Shakti* hacer lo que tenga que hacer. Sé los movimientos que puedan surgir. No hay nada bien ni mal que puedas hacer en esta etapa. No hay un estilo que seguir. No hay formas correctas o incorrectas de practicar. Simplemente, te abandonas a dejarte llevar por la inteligencia de la energía que te conduce a las siguientes posturas, improvisando, como sucede con las improvisaciones del jazz.

Si no estás seguro sobre qué dirección tomar, haz pequeños micromovimientos hacia delante y hacia atrás o de lado a lado. Y observa si abre algún movimiento nacido de la energía que lleva al cuerpo hacia una nueva dirección. No tengas miedo, sigue esa sabiduría en acción. Ten fe. Todas las células de tu cuerpo, de tu ser, se relajan en el estado de no hacer. Te abandonas al fluir. Te permites ser la sensación sentida en completa absorción desde el centro de tu ser. La energía en sí misma te indicará claramente hacia dónde ir, qué postura nueva nace, qué variación se abre, cómo ir, incluso aunque sea la postura de meditación sentada. Todo está bien.

En la ausencia de etiquetas, juicios, análisis y duda, *prana Shakti* tiene total libertad para bailar al ritmo de su energía improvisando al nacer de la sensación sentida.

Pétalo X

Kriyashakti: en el estado de quietud y silencio, el cuerpo está moviéndose de forma espontánea creando una belleza en movimiento, un *vinyasa* armónico y fluido, es la danza de Shiva y Shakti. El propósito de los *kriyashaktis* es ser el mismo *prana Shakti* de vuelta a casa, a la Fuente, a la misma consciencia pura, Shiva. Y llegará el momento en que la danza se cierre en silencio, sentado, en plena dicha. Reconoces la total quietud de que no eres solo el cuerpo y la mente, sino la consciencia hecha energía. Ya no hay separación, ya no hay nada que tengas que hacer. Bailas con la creación, te dejas abrazar por la Divinidad, por la unión de Shiva y Shakti y su *tandava*, una meditación en movimiento.

Es el movimiento inteligente de los *kriyashaktis* y el silencio consciente, entra la energía y la consciencia pura. La danza de Shiva y Shakti te conducirá a una quietud y tranquilidad más profundas en medio del movimiento.

Estás claves tántricas, progresivas, son muy poderosas, y con ellas comprendí totalmente lo que me pasó aquel lejano otoño. Los diez pétalos de *Shiva* y *Shakti* te permitirán desarrollar *sadhanas* para que desarrolles una consciencia meditativa en tu *vinyasa*. En la práctica de las posturas hechas como una práctica *fitness*, con movimientos dinámicos, el cuerpo es guiado por nuestra mente o por la del profesor y son las de la etapa uno. Y eso puede conducir a un *vinyasa* aeróbico o guiado por formas aprendidas por imitación al ver otros cuerpos moverse en la práctica, o por cómo le gustaría practicar a nuestra mente, aunque intente soltarse, pero estaría únicamente haciendo micromovimientos. Parecen de la etapa tres, pero son movimientos hechos desde lo aprendido. Te darás más cuenta de las reacciones automáticas que surgen de cómo hacer la postura o hacer movimientos preprogramados o posturas preaprendidas, que puedan surgir en la práctica. La clave es fundirte progresivamente desde el calor interno en la sensación sentida y, desde ahí, nace lo sagrado, a través del movimiento.

Por ejemplo, un *chef* en su proceso creativo llega a estar absorto en lo que hace, se funde con los alimentos, los saborea, hay fuego, hay fluidez en sus creaciones y ningún plato es igual, no se puede repetir. Se puede sentir que esos platos están impregnados de amor, de alma, porque hay algo especial en ellos. Tu *sadhana* también puede verse impregnada de amor y alma. Y eso es belleza. Sentimos que algo único acaba de suceder en la sala, la luz ha tomado posesión de los cuerpos, por eso el término *shala*.

Por lo tanto, tu intención (*bhavana*) desde el corazón para que cultives un *vinyasa* más meditativo es:

- Empieza por ser aquello que quieres ser en la práctica, como *yoga nidra* o *kriya yoga*, para anclarte en la consciencia meditativa, concentración, focalización interna y respiración.
- Pasa del hacer al no hacer; al sentir las sensaciones en sus límites, junto con la respiración *ujjayi*, deshaces más *prana*, por lo tanto, hay más fluidez; y cuando es mucha la liberación, la integras en el tercer ojo y poco a poco el cuerpo se suelta, hace improvisaciones y variaciones

hasta conducirte a un fluir espontáneo: *kriyashakti*. El propósito del *kriyashakti* es volver a la fuente que ya eres: a *Shiva*.

De este modo, has aprendido con la práctica a cultivar la relación más bella que puedes tener: la relación contigo mismo. Brotan acciones hechas de amor en tu práctica y fuera de ella, porque establecer una comunicación con tu guía interior es establecer un nivel de comunicación profundo contigo mismo. Esto te permite aceptar, sea la respuesta que sea, y de esta forma no cultivas energía estancada que provoca ansiedad, preocupación e impaciencia. La respuesta no será como la que consigues por medio del razonamiento. La única forma de establecer una relación con el guía interno es aceptar su sabiduría. Estás abierto a confiar y a tener fe. Tu ser más profundo no te habla de la misma forma racional que tu mente, que está condicionada a pensar, reflexionar y solucionar problemas.

El guía interior quizá aparece en diferentes formas: a veces solo escuchas una voz en tu interior, la voz de la vida como decía el famoso neurólogo británico Oliver Sacks, o quizá como una sensación que recorre tu pecho, en tu corazón. La comunicación canaliza y difiere, pero aprendes a confiar. Este es un cambio del hemisferio izquierdo del cerebro, que es lógico, familiar, racional, a confiar en el hemisferio derecho, el intuitivo, no lineal, que percibe directamente. Estás más integrado, eres más humano y espiritual.

Explora y sé el poder del mundo invisible del más allá, a través de tu práctica. Recibe la guía que no es accesible a ella desde la mente lógica del cerebro izquierdo. Aprender a meditar a través del cuerpo, a realmente orar con tus posturas, a moverte con éxtasis. Eres «como el gran viento, que habita en el cielo, llega a todas partes, entonces todos los seres moran en mi corazón», le dijo Krishna a Arjuna en la *Bhagavad Gita*.

La belleza de vivir desde la unión la encuentras en muchas historias ancestrales. Por ejemplo, y aunque parezca paradójico, la historia bíblica de Adán y Eva representa la consciencia y la energía, y cuando eligen la fruta prohibida del bien y el mal, la dualidad de la mente, Adán y Eva son expulsados del jardín del Edén, de la unidad, del amor de Dios. Dejaron de estar unidos al separarse, al ser seducidos por un estímulo. Es una alegoría que representa la evolución de los seres humanos que pasan del estado de unidad al estado de separación. En nuestra vida, también podemos vernos echados del paraíso al morder manzanas. Pero Adán y Eva vuelven al Edén, a la integración donde no hay ninguna fruta, porque es la no dualidad, la armonía y la unidad eterna, el verdadero amor. Al estar Adán y Eva en cocreación e integrados entran en la unidad que existe más allá de la mente, que busca el placer terrenal. Adán y Eva representan a Shiva y Shakti.

Con la práctica de *vinyasa* comprendes la importancia de vivir y el fluir de la vida cotidiana como muchos grandes yoguis que se casaron, tenían trabajo, educaron a sus hijos y amaron a sus esposas o maridos. Vivieron la vida siendo amor, como muestra esta historia, que capta esa esencia:

Había una vez una yoguini que enseñaba Yoga en la ciudad, y Shankaracharya (fundador de la orden de monjes *sannyasis*) fue a verla y a escucharla, y ella le dijo: «Tú no sabes nada sobre la vida, todavía eres virgen. ¿Cómo puedes hablar del sufrimiento humano y de todo lo que se tiene que vivir cuando se relaciona con los demás?». Sorprendido, Shankaracharya se sentó en meditación y pidió a sus discípulos que cuidasen de su cuerpo, porque se trasladaría durante un tiempo al cuerpo de un gran rey del norte de la India, para experimentar las relaciones, la riqueza, educar a los hijos, y experimentar todo lo posible que se pueda experimentar como humano. Al ser rey podía experimentar todo lo que se propusiera. Experimentó el mundo y volvió a su cuerpo y continuó su vida monástica como renunciante.

Tú eres el rey o la reina de tu vida. En la poesía tántrica se evoca una hermosa imagen: «El universo entero no es más que la duración de una de las caricias entre Shiva y Shakti».

Si practicas una secuencia perfectamente definida y la pones en manos de un profesor de Yoga, la fluidez espontánea dentro de la postura no será posible. Si tu práctica únicamente se basa en secuencias creadas por tu profesor, no podrás conectar con el movimiento orgánico que nace de la unión de Shiva y Shakti. En las etapas preliminares del *vinyasa* es bueno practicar un estilo de Yoga o una secuencia predefinida, que te ofrece también sensaciones agradables y no tan agradables, pero llegará un momento en que tu práctica se estancará y nunca podrás abrirte a ser la persona que realmente quieres ser.

Practicar Yoga como una danza sagrada es aprender a vivir desde el alma, es hacer el amor con la vida, con la tierra, las relaciones y las estrellas, con todo. Como me decían en el *ashram*:

> Cuando prácticas *vinyasa*, no solo practicas tú; toda la existencia está practicando contigo; la tierra, el sol, las estrellas, todo el universo. Es una existencia de celebración que está amando continuamente.

Un yogui siente el amor dentro y deja de buscarlo fuera. Si te amas, quieres lo mejor para las personas que te rodean, y las amas tal como son. Te sientes conectado, y eso es un acto sagrado y eterno de luz y de dicha. Tal como nos decía Srimad Bhavavatam: «Mi dulce Señor, tal como el río Ganges corre siempre hacia el mar sin obstáculo, permíteme que mi corazón sea constantemente atraído a ti, sin desviarme hacia ninguna otra cosa».

Nuestra práctica meditativa es la *puja* que enciende el fuego de nuestro corazón, es el amor que arde en la eternidad del momento a través de tu cuerpo. En la India, las *pujas* son rituales a orillas del Ganges para venerar a los dioses o diosas. Limpian las estatuas con amor, ofrecen aceites con amor, las bañan de leche con amor y desprenden los pétalos con amor. Con tu *sadhana*, al igual que las *pujas*, haces reverencia bañándote de sensaciones, de calor, de agradecimiento, de comunión con tu esencia, que es el flujo de amor. Asimismo, cuando invitamos con comida a nuestros compañeros yoguis, hacemos una ofrenda espiritual llamada *prasad*, porque en ella hemos puesto nuestro amor en su elaboración y se la ofrecemos a la divinidad. Comes su vibración y sientes que el cuerpo lo agradece, porque empezará a brillar y lo amarás como nunca lo has amado.

Nos da miedo amar a los demás, porque creemos que nos harán daño, y esto hace que el corazón se endurezca. Dejamos de ser auténticos, nos creamos una imagen, que no se corresponde con quienes somos, y no nos permitimos recibir amor. El problema está en que, si no sabemos cómo conectar con nuestro *prana* y cómo liberarlo con la práctica, no nos permitiremos ir más allá del miedo, porque el amor está justo al liberar el miedo a lo que necesitamos soltar. Ahí reside la clave de nuestra práctica.

Con la práctica de las tres etapas, pasas de un cuerpo bloqueado, donde la energía está muy *helada*, a un cuerpo más fluido, más *agua*, hasta lograr, con los años de práctica constante, un cuerpo ligero, *vapor*. Cuando me enseñaron mis maestros de Yoga, tenían en sus cuerpos cincuenta o incluso sesenta años de continua práctica y pura belleza. Al verlos practicar, eran como plumas en la esterilla, pero siempre me decían que eso viene con la práctica. Al principio tenían cuerpos hielo, pero su intención era desbloquear el *prana* congelado, y la intención tiene mucho poder.

Sin embargo, con los años he observado, en mis alumnos y en mi propio cuerpo, que el ritmo de desbloqueo del *prana* no es tan rápido como a la mente le gustaría, condicionada como está por la sociedad para conseguir resultados instantáneos. Por este motivo, en los primeros años de práctica el cuerpo duele mucho, pues hay muchos bloqueos, pero cuando pasamos a la fase de agua, fluye mucho mejor y accedemos al movimiento orgánico y dinámico, que nace de la energía, no de la mente. Esto también ocurre en una clase de *vinyasa*. Al crear más *tapas* (calor interno), al principio empezamos progresivamente a descongelar el hielo hasta alcanzar una mayor ligereza y un buen espacio en las posturas (*sthira sukham asanam*).

De modo que, si tu cuerpo está en la etapa hielo, es imprescindible que practiques las posturas desde la consciencia, porque puedes lesionarte; es muy común ver a nuevos practicantes lesionarse por querer ser agua o vapor en las prácticas de *vinyasa*. Al igual que, con una madera, puede haber crujidos y se rompe. Ahora bien, cuando el cuerpo es agua o vapor, es similar a una caña de bambú y es difícil que se lesione, porque al haber liberado el *prana* en la absorción de la sensación sentida es más libre su flujo, y el cuerpo está más abierto y flexible.

A veces creemos que el cuerpo no es flexible por una cuestión anatómica, pero es por una ineficaz liberación del *prana*. Somos cuerpo y nuestro conocimiento de Yoga, de *vinyasa yoga*, se muestra con la práctica, no con el conocimiento. Cuanto más abierto esté, más sentirás tu corazón y su flujo de amor. Pero si el cuerpo no está abierto, no te critiques, porque no debes dar a tu crítico interior la satisfacción de crearte insatisfacción. Por lo tanto, suelta y sé amable contigo, simplemente siendo constante con la práctica y con corazón, como nos decía Patañjali.

Esta es nuestra necesidad profunda de unir, en la práctica de *vinyasa*, lo ritualístico, su arte y el placer, porque la consciencia (*Shiva*) y la energía (*Shakti*) son inseparables. Siempre querrán amarse y reencontrarse una y otra vez. Como nos dice el texto *Kaushitaki Upanishad*: «Del *prana*, de hecho, todas las formas vivientes nacen y, al nacer, permanecen vivas por el *prana*. Al final, se sumergen en el *prana* una vez más». Como las dos alas de un pájaro que nos permiten tomar un vuelo interior al integrar las dos fuerzas correspondientes de *hacer que suceda* y *permitir que suceda*, tienes el potencial de elevarte al Cielo infinito que te hace ser libre sin dejar de enraizarte en la Tierra.

Cuando vivimos la experiencia de *kriyashakti*, verificamos que la verdad que nos ha sido revelada a través de las escrituras es real, que la mente no es la que hace las posturas, sino el impulso de la creación, que fluye en nuestro corazón desde la sensación sentida, vibrando a través de nuestro cuerpo, y nos une a la vida (*pravritti marg*). Te vuelves más sincero contigo y con todas tus relaciones. Aprendes a proyectar lo que sientes en este momento y sueltas formas de ser kármicas, guiadas por el miedo. Has aprendido a no ser Sati y a ser Parvati. Como cuando tocas un instrumento, no piensas en tocar el instrumento, sino que sientes el instrumento. No hay separación, pues tu cuerpo es el instrumento. Te fundes con él, y de esa conexión nace la música más bella.

Cuando transformas toda tu práctica, el amor fluye en ti sin esfuerzo. Así, descubres que lo que buscabas antes ya lo tienes, porque tu cuerpo está más abierto, tu corazón es más puro y más *sattvico*. Este es el arte del amor, el arte de permitirnos sentir, fluir y ser auténticos en cada instante.

4. El fuego del corazón hacia el amor incondicional

Nuestra vida depende de la luz y del fuego para la creación y la supervivencia. Se ha demostrado que el universo, tal como lo conocemos, nació aproximadamente hace 13 billones de años de una explosión poderosa, el *big bang*, que dio lugar, incluso, a que esa misma expansión de luz formara desde sus destellos nuestros cuerpos, con trazas de elementos que salían de nuestra propia galaxia. Todas las partículas que surgieron de ese suceso pueden encontrarse en nuestros huesos, en cada lágrima, gota de sangre o sudor.

En el centro de ese majestuoso universo que precisamente es el cuerpo, está nuestro sol, el corazón, comunicándose con cada célula, con su radiante electromagnetismo, sincronizándose con nuestras ondas cerebrales y los latidos de los que nos rodean.

En las antiguas escrituras tántricas, *spanda* siempre ha sido el núcleo de todo fluir en la vida; las *asanas* y su flujo son las representaciones más bellas conocidas, junto con otras formas de recrear esa unión que encontramos en tradiciones contemplativas como el sufismo y sus *derviches* giratorios o las danzas de los nativos americanos alrededor del fuego. De esa fusión, *Shiva* toma forma de energía en *Shakti*, un impulso creativo de amor. Todo lo que te rodea, absolutamente todo, está impregnado por ese impulso que hace que todo sea mágico, en un orden difícil de explicar.

El concepto de danza aparece desde los orígenes de la humanidad. Desde el momento en que el hombre desea mantener una comunicación con las fuerzas sobrenaturales, con los dioses, con su esencia espiritual, para vivir más plenamente en su existencia comienza a generar un lenguaje a través del cuerpo y el movimiento, manifestando, a través de él, un catalizador, un canal entre lo humano y lo divino. El movimiento corporal, como danza, comenzó a expresarse como un acto sagrado y está presente en los ritos de fertilidad de la tierra, en la concepción de las mujeres de las tribus y en cualquier tradición contemplativa del mundo.

La danza está muy arraigada en nuestro cuerpo, representando, por medio del movimiento, la disociación entre brazos y piernas, al cielo y la tierra, respectivamente, y con especial intención en los movimientos de las caderas, como lugar de vida y creación. La danza era un ritual llevado a cabo por toda la comunidad. En muchas ocasiones, alrededor del fuego, generando una fuerza de grupo (*satsang*), porque se activan procesos intensos de catarsis y trance: despierta a *Shakti*.

En estos rituales, los bailarines experimentaban una mágica comunión con las fuerzas sobrenaturales o deidades hacia las que se ofrecía la danza. Cuando se practica *vinyasa* en un *ashram* o en una clase, el mismo proceso tiene la esencia ancestral de la humanidad, despertando un momento sagrado, un ritual. Con la llegada de las órdenes monacales al Yoga, muchos de los ritos tántricos fueron considerados no yóguicos y abolidos de las prácticas de este tipo de órdenes para mantener una imagen, un estatus y un prestigio. Otros, debido a su profundo arraigo en la población hindú, se mantuvieron, pero desvinculados del concepto ritual y espiritual de sus orígenes, creando rituales religiosos alejados del cuerpo.

El origen del término *spanda* es vibración o temblor, porque es la vibración primordial del Universo y de nuestro ser, que se siente en nuestro corazón, y a través de *spanda* conectamos con la consciencia pura, *Shiva*. En la vida diaria, podemos experimentar la sagrada vibración, en cualquier circunstancia, como un entusiasmo o un intenso impulso interno. Una existencia vivida dentro del corazón es «*sahridaya*», mientras que la ausencia de esta experiencia, la de vivir fuera del corazón, nos causa apatía, desconfianza e inercia. Desarrollar *spanda* en nuestro corazón es devolvernos la habilidad de actuar desde este, como Parvati, y recuperar el gozo de la vida, como el matrimonio entre Parvati y Shiva.

Tu verdadera libertad en la práctica de *vinyasa* es ser la expresión más pura de tu unión entre la energía y la consciencia pura. Cuando hay ausencia de nuestra mente en la práctica (*anava mala*), *spanda* entra en acción y, a partir de ahí, la práctica sagrada, como la hacía Parvati, es posible. Cuando realmente se despierta *Shiva* a través de *Shakti*, tu práctica es guiada por el principio de *spanda* (*suprabuddha*) y toda tu vida será guiada por el amor incondicional. Esa es la práctica al nivel más puro y vibratorio de *vinyasa*.

Cuando intentamos entender esta unión ancestral que ocurre en nosotros por la práctica de *vinyasa*, resulta más fácil entender cuál es el significado de la vibración que emana de la unión de Shiva y Shakti a través de la teoría de cuerdas que expone la ciencia física. Desde esta perspectiva científica, se nos plantean una serie de hipótesis y modelos fundamentales que asumen que las partículas subatómicas, aparentemente puntuales, son en realidad «estados vibracionales» de un objeto extendido más sutil llamado cuerda o filamento. En ocasiones, se traduce como frecuencias y estas mismas rigen patrones de comportamiento, evolución, armonía, equilibrio, etcétera.

Luz sobre los Tantras (*Tantraloka*), la gran obra de Abhinavagupta, es un magistral estudio sobre el tantra en su época de esplendor, hace aproximadamente 1.000 años. La visión tántrica, su práctica y sus frutos se presentan con un detalle exquisito a lo largo de más de 5.800 versos, que nos hablan sobre la vibración del cosmos. Según este texto, el universo entero surge de una sacudida original, en realidad fuera del tiempo, de un choque, de una vibración, y esta vibración eterna, según el *tantra*, es el corazón de Shiva (*paramashiva*), también llamado *tattva* o *mahasattava*, realidad última.

Según la tradición del Yoga, fruto de esta unión entre Shiva y Shakti a través del cuerpo, nuestro corazón está purificado de sus seis escudos kármicos: *kama* (deseo), *krodha* (ira), *moha* (delirio), *lobha* (codicia), *nada* (envidia), y *matsarya* (pereza). Dejamos de vivir bajo las pautas kármicas, que nos llevan a una vida no sana, no auténtica, y sin propósito vital (*dharma*). Con la práctica, empiezan a caerse del corazón y empezamos a sentir el latido de la Tierra, de las personas, de las plantas, de las estrellas, de absolutamente todo.

Vamos ahora a imaginar que un día estás muy cansado, has dejado los platos sin lavar y la casa sin recoger, simplemente no quieres hacer nada, no tienes energía y te quieres recostar en el sofá a ver la televisión. Pero a los pocos minutos, te llaman por teléfono y es alguien a quien te une una gran amistad, que desde hace años no ves, está en la ciudad, quiere verte y pasar un día juntos. En cuestión de segundos te inundas de energía. Limpias todo, te arreglas y dejas todo listo. ¿Cómo es posible que en tan pocos instantes de estar cansado y sin energía para hacer nada recobres la vitalidad y brillo en tus ojos? Te conectaste, a través de tu amistad, con la energía abundante que siempre está en ti, a través de tu corazón. Tu práctica de yoga te permite acceder a esa energía cada día, sin necesidad de esa llamada, que no siempre ocurre. Estás conectado con tu corazón.

Con tu intención en la práctica *vinyasa* estableces un corazón lleno de amor y alegría (*shanta bhava*), te abandonas a la práctica (*dasya bhava*), estás intimando con tu cuerpo y alma (*sakhya bhava*), te sientes acogido por el gran amor (*vatsalya bhava*) y te fundes con el amado, ya no hay separación entre tú y Shiva (*madhurya bhava*).

Sin duda alguna, el sabio yogui Patañjali tenía un gran interés en nuestro desarrollo, *samadhi*, la absorción meditativa, en la búsqueda de alcanzar la estabilidad en la vida. Su invitación ha sido una guía muy valiosa para vivir al ritmo de la energía que fluye tanto en nuestro interior como en el universo, porque somos universo. Pronto podrás establecer una *sadhana*, que te guiará a la felicidad, a la dicha, al amor. «La enseñanza del Yoga reside en el momento presente, aquí y ahora», nos dijo Patañjali en su primer sutra (*atha yoganusasanam*); aquí «*atha*» significa este instante, aquí y ahora, lo que está presente en este momento.

Al expresar la sensación sentida, estamos en contacto con emociones y sentimientos, pese a que al principio sea vaga y difusa, pero con la práctica, y si prestamos atención, se manifiesta generalmente en la zona de la garganta (*rudra granthi*), el pecho (*vishnu granthi*), o en el abdomen (*brahma granthi*).

La palabra sánscrita «*granthi*» quiere decir nudo o duda, y también un nudo particularmente difícil de desatar. Los que en la India usan un sari o un *dhoti* como prendas de vestir forman con la tela una pequeña bolsa para llevar el dinero y la cierran con un nudo, esta pequeña bolsa anudada se llama *granthi*. En el contexto de la práctica de Yoga, *granthi* se refiere a los bloqueos psicosomáticos, que nos impiden evolucionar y que son la causa de sensaciones intensas. *Granthi* oscurece el alma. Todas las personas tienen un alma y la vida te enseña que eres alma.

Por medio de la práctica meditativa, participamos en la vida tal como es, y esa es la mejor recompensa que podemos recoger de la práctica de Yoga hecha como una danza sagrada. Desarrollamos el conocimiento del alma a través de la práctica (*adhyatma vidya*). Como dice el *Hatha Yoga Pradipika*: «Cuando despiertas el *prana* que yace dormido, entonces los *padmas* (*lotos chakras*) y los *granthis* se abren». Por este motivo, los *bandhas* facilitan el despertar de sensaciones y, al sentirlas, nos permiten acceder a ellas, para luego dejarse guiar por su inteligencia, a través de movimientos improvisados en la esterilla. Esa es la esencia sagrada del *vinyasa*.

Muchas veces, las personas traumatizadas tienen que volver a aprender activamente cómo percibir sus sensaciones, para ocupar el cuerpo de nuevo y hacerlo suyo, ya que «no tenemos un cuerpo, sino que somos un cuerpo», como dijo el médico y reconocido psicoterapeuta Alexander Lowen, quien creó un sistema terapéutico utilizando el lenguaje del cuerpo. Solo hay que tener la voluntad de estar presente mientras se detectan algunas sensaciones básicas, lo que es un paso importante para volver a sentirnos seguros en nuestro propio cuerpo.

De esto trata la vida: de comprender que hay cambios, de entender la necesidad de tomar consciencia de los ciclos naturales, de saber lo que necesitas para afrontar física, mental y espiritualmente esa experiencia que la vida te ofrece vivir.

Eres energía biológica y espiritual. Tu corazón está plenamente abierto. Con paciencia y armonía, debes hacer lo que hay que hacer, mientras esperas el mañana. Al amaestrar *prana Shakti* a través de los *kriyashaktis* desarrollas cualidades en tu rutina, dieta y relaciones. Te mueves con sabiduría y amor, permaneciendo en la experiencia de tu práctica y madurando en ella, te dejas sorprender por lo espontáneo y todo empieza a brillar. La chispa de la divinidad brilla en ti. Como nos dijo el poeta hindú Kalidasa, siglos IV-V:

> Mira este día, pues es la vida, la propia vida de la vida. En su breve curso están contenidas todas las verdades y las realidades de tu existencia: la bendición del crecimiento, la gloria de la acción, el esplendor de la belleza. Ayer no es más que un sueño y mañana es tan solo una visión. Si vives el hoy, harás que ayer sea un sueño feliz y mañana una visión de esperanza. Por ello, ¡mira bien este día! Este es el saludo al amanecer.

Si no liberamos a *Shakti* en la práctica, todo deja de cobrar vida y se pierde el significado de estar vivos. Has nacido para ser el flujo de amor que hace posible que florezca la belleza de vivir. Si abrazas a alguien, descubrirás esa misma energía, porque la vida no es la mente, no es el cuerpo físico, no es ser consciente, es el flujo de amor, y este flujo hace posible que nazca una estrella, un ser humano, una planta, absolutamente todo. Cuando el flujo de amor deja de llegar, todo pierde brillo y se convierte en ceniza (*vibhuti*).

Quiero que comprendas, como te he mencionado antes, que nuestros corazones tienen escudos kármicos a su alrededor. Cada uno de estos escudos o capas endurecidas alrededor del corazón se han formado desde el miedo, han logrado que nuestro cuerpo se haya vuelto rígido, que nuestro rostro tenga tensiones y que nuestras relaciones sean poco profundas, llenas de formalismos, pues hemos perdido la capacidad de entregarnos, de conectar con el otro, tal como *Shakti* se conecta con *Shiva*. Estos escudos basados en el miedo confunden a nuestra mente con deseos que nos hacen entrar en conflicto: necesito tener independencia y ganar seguridad, necesito defenderme frente a un hombre o mujer, necesito ser exitoso porque lo valgo, no puedo confiar ni en las amistades. Estos escudos bloquean el flujo energético de *Shakti*, que solo tiene un deseo puro: amar y fundirse con su propia Fuente, con *Shiva*. Si no liberamos y seguimos el impulso de la energía, nos sentimos estancados, con rabia y sufriendo.

Comenzamos a atraer a personas con otros escudos kármicos en el corazón, hombres y mujeres que desistieron de buscar su propia libertad y se llenaron también de formas de protección y formas de ser evasivas, para no ser auténticos, personas que no están con ellos mismos y, por lo tanto, no están contigo. Así, se encuentran frente a frente dos corazones con armaduras.

Aunque por dentro nos seguimos preguntando por qué fracasan nuestras relaciones, ya sean de pareja o de amistad, por qué no nos entienden y por qué no hemos tenido el valor de ver en profundidad lo que nuestro corazón nos dice, no hemos mirado hacia dentro para ver uno a uno los escudos que nos hemos puesto. Las capas de protección que han endurecido nuestro cuerpo, sobre todo alrededor del corazón.

Numerosos estudios han demostrado que conectar desde el corazón y con cercanía a otras personas puede prevenir numerosas enfermedades y nos añade años de vida, ya que *Shakti* fluye mejor. Por lo tanto, es muy importante en las comunidades de Yoga (*satsangas*) organizar encuentros y actividades de grupo, para aprender a fluir con el movimiento que nos rodea, sean personas, estaciones del año, o animales. Si no participamos, a menudo nos vemos inmersos en vínculos tóxicos, o en ambientes que causan daño y nos aíslan.

Cuando las emociones nos parecen amenazantes, intentamos reprimirlas, negarlas o racionalizarlas, lo que refuerza nuestra memoria kármica, pero ese esfuerzo que hacemos al tratar de controlarlas ocasiona una tensión energética en el cuerpo, que con el tiempo puede somatizarse. Si el cuerpo sufre y reprimimos lo que sentimos, su expresión genera una tensión muscular tal que provoca, a largo plazo, fuertes dolores de cabeza y cuello, dolor en la espalda, enfermedades digestivas, rigidez muscular. Negarnos a la expresión de la rabia o el miedo envía hacia el interior esa carga energética como mecanismo de huida, lastimando nuestros órganos y vísceras.

Viktor Frankl, neurólogo y psiquiatra judío, que estuvo en los campos de concentración de Auschwitz y Dachau durante varios años, descubrió que muchos prisioneros morían porque sus vidas no tenían sentido al no poder conectar con su interior, con su corazón o, como diríamos en Yoga, porque dejaban de estar en contacto con el campo ilimitado de energía. En una situación límite, según Frankl, si no encontramos sentido a nuestra vida, si no tenemos fe a través del corazón, el cuerpo se debilita y, en una situación extrema, esto se traduce en muerte. Sin embargo, los que a pesar de haberlo perdido todo y de sufrir cada día conseguían estar conectados a su interior, el cuerpo les respondía y podían sobrevivir, porque el alma siempre es libre (*moksha*), en la dimensión espiritual.

Cuando conectamos con la energía del amor, *prana Shakti*, encontramos sentido a nuestras vidas, porque siempre busca resolución y expresión. Como Parvati y su fe desde el corazón, tenemos esperanza de unirnos a Shiva. Nos da vida, somos libres y felices. Por eso, cultivar la intención de estar abierto en tu práctica de *vinyasa* es querer dejar de vivir de forma mecánica, preestablecida, y conseguir ser espontáneo, adaptándote con fluidez a la realidad que vives en cada momento. Cuando eras niño eras amor, tus acciones se basaban en ser tal como eras. Un niño no nace para estar sentado, viendo la televisión o jugando con la *tablet*. Ellos necesitan moverse, explorar, buscar novedades, crear aventuras y descubrir el mundo que los rodea, porque están aprendiendo y son esponjas, jugadores natos, buscadores de tesoros, terremotos en potencia.

En algún momento de nuestras vidas nos hemos sentido libres, siendo pura felicidad, pero con el tiempo, bajo la influen-

cia del karma inconsciente y de la armadura alrededor del corazón, el sentirse libre se ha convertido en un recuerdo. Como
los niños, vivíamos experiencias inolvidables, sin miedo, ya
que lo único que importa es el presente, sin pasado ni futuro.
Sin temor a mostrarse tal como son, reír, llorar, jugar, disfrutar.
Son amor. Como ellos, tenemos el impulso natural de abrirnos
a los momentos, gozar, maravillarnos, sorprendernos, divertir-
nos, en suma, ser felices y amar. Cuando tu alma se expresa
a través del corazón, ya no te preocupa el pasado ni el futuro;
te haces inocente, puro y bello como un niño, porque tu alma
es así, llena de pureza y de amor.

En la práctica de *vinyasa* de la etapa tres, logras que tu
alma sea espontánea y te recreas, te permites ser, te arriesgas.
No lo reprimas, ya que es lo que la práctica trae consigo, que
seas inocente, puro y disfrutes de la vida. La verdadera libertad
está en ser espontáneos y plenamente presentes, para expre-
sarnos con tacto, belleza y armonía, como en una danza. Pero
si seguimos las tendencias kármicas no sanas (*vasanas*) que
han creado muros alrededor del corazón, estaremos viviendo
para mendigar amor de los demás. Nuestro corazón tiene ham-
bre de amor, pero no tiene nuestra atención, por eso lo busca
afuera, y somos esclavos, no somos libres. Siempre podemos
culpar al mundo de tener escudos alrededor del corazón que
nos impiden vivir siendo libres.

Con la práctica de *vinyasa* aprendes a rendirte, te perdo-
nas y amas sin condiciones. Relajas tu guardia para que la
vida y las personas sientan tu corazón más auténtico, más des-

nudo, más vulnerable. Allí reside el verdadero poder, la verdadera fortaleza del guerrero espiritual que eres en esencia. Tus músculos y tu respiración fluyen al mismo ritmo, haciendo que tu cuerpo y tu corazón se abran, tanto en la esterilla como fuera de ella. Si sientes dolor, no te cierres, no te contraigas, permanece abierto como una montaña, aunque haya sol o tormenta. Rendirse al momento presente es entrar en el amor del universo. Tú eres el universo y fluyes hacia nuevas sensaciones, nuevas conexiones, hacia una nueva vida.

Esta es una señal de crecimiento espiritual, pero no debes confundirla con querer experimentar cosas nuevas. Tienes que deslizarte con el impulso que nace de tu corazón, pues tu vida es el testimonio de tu *dharma*, que es orgánico, dinámico, tiene vida. No es estático y fluye. Convertirnos en un yogui es cultivar un estilo de vida, en el que nuestra alma se exprese a través del corazón en cada acto de la vida, donde se es plenamente libre. Con la práctica de Yoga te conviertes al mismo tiempo en un sabio, sanador y guerrero de la vida. Como decían en el *ashram* una y otra vez: «Con la práctica de Yoga te conviertes en el maestro del amor».

En estos tiempos, para amar de verdad se necesita mucho valor, no solo para reconocer que estas armaduras kármicas se han creado en nosotros, a través de las experiencias que dejaron su huella (*samskaras*) en lo profundo de las raíces de nuestro cuerpo, también porque ahora necesitas coraje, espíritu de guerrero, para realmente quemar las armaduras que envuelven tu corazón. Con la práctica de *vinyasa* y al calor del amor, las deshaces y te desprendes de ellas. Al mismo tiempo, esta alquimia te ofrece la posibilidad de perdonarte por haber aceptado en tu camino estas armaduras y por haber dado la espalda a tu corazón, en lugar de mirar, sentir y abrazar ese lugar mágico, donde el alma y la vida se unifican para lograr transformación, que es realmente posible.

Cuando comienzas a cultivar la fluidez en tu forma de relacionarte, surge el cambio, porque la misma energía está en continuo movimiento. *Shakti* hace que tu corazón se abra, empiezas a amar y entras en el flujo constante del amor y su fluidez, que te llevan al siguiente paso. Eres plenamente feliz, porque tu corazón se abrió y, perdiendo el miedo a ser herido, te abres a lo nuevo.

Cuando comienzas a cultivar la fluidez, haces las cosas con amor, con apertura, te conectas con tu esencia y con el universo. Un canal de belleza y armonía te llena de dicha, entonces eres admirado por todos y llamas la atención, porque tu corazón es la pura belleza, pero no la buscas, surge como fruto del amor que hay en ti. Cuando estás preparado para vivir en sintonía con tu alma, cuando estás preparado para fluir más en tu vida, descubres milagros de los que antes no eras consciente. Si no eres consciente del *prana* que fluye en ti, no lo puedes percibir en todo lo que te rodea, en una flor en primavera, en una ardilla mirándote, en las personas que te cruzas por la calle o en las estrellas de la noche. *Vinyasa*, como práctica meditativa, te lleva a esa conexión, que es el fruto de la práctica y que te abrirá a un reino nunca contemplado.

Tu vida se convierte en un amor sagrado. Tu corazón ha derretido cualquier escudo a su alrededor, como en esta bella historia:

Le preguntaron al maestro: ¿Qué es el amor?

El amor, respondió, es lo que consigue proporcionar al hombre su felicidad y libertad.

Pero si yo aplico los métodos tradicionales que nos han transmitido los maestros, ¿no es eso aprender a amarse?

No será amor si no cumple para ti esa función. Una manta ya no es una manta si no te da calor.

¿De modo que el amor cambia?

Las personas cambian, los métodos cambian y también sus necesidades, así como los colores y formas de las mantas. Pero el calor del amor siempre perdurará.

Una cuerda envuelta cien veces alrededor de un poste requiere ir cien veces en el sentido contrario para desenrollarla. Así actúa la mente, con sus deberías y tendrías sobre cómo vivir. Sin embargo, cuando somos amor incondicional, es como el fuego que quema la cuerda, pasando por alto todos los enfoques lineales y lógicos de cómo mostrarte contigo y con los demás, o de cómo exactamente practicar. Lo que no puede ser conocido, aprendido o resuelto por la mente puede resolverse por la unión entre tu flujo energético y el alma; el *trivani sangam* de *ida*, *pingala* y *shushumna nadis*. Es como bañarse en la confluencia de los ríos Ganges, Jamumna y Saraswati del norte de la India. Sumergiéndote en la práctica, como si se tratara de un bautizo, reclamas tu fuerza, tu consciencia se convierte en energía y todo cambia.

Verdaderamente, cuando haces de tu práctica de *vinyasa* una *puja*, sientes como liberas *Shakti*, sientes devoción por su fluidez, sientes apertura y amor profundo. Cuando estás practicando en grupo, tu cuerpo se funde con los demás cuerpos, sientes su liberación energética, y esa misma fuerza nos guía. Imagínate cómo sería practicar *vinyasa* como si fuera una *puja*, un acto devocional. Todas las células de tu cuerpo vibrarán, porque te amas incondicionalmente. Todos los miedos se deshacen ante el fuego del corazón y tus ojos brillan y ves el mismo amor en el brillo de los ojos de tus compañeros. Como cuando dios Shiva bailaba su *tandava* alegremente, mientras le pedía a Mena e Himalaya la mano de su hija Parvati, y a todos les brillaban los ojos.

Desde el calor interno, como si fuera una alquimia, entramos en el amor eterno, como el calor que provocó Parvati. Cuando te adentras en la consciencia meditativa absorta en la energía que fluye en el cuerpo, te adentras en el corazón y en el alma del *vinyasa*. Sin embargo, cuando niegues tu propia esencia y no permitas que se exprese el impulso de fluir en tu corazón, no podrás abrirte al flujo de amor. En el *Guru Gita* (*La canción del maestro*), que es parte del *Skanda Purana*, uno de los dieciocho *Puranas* compilados por el sabio Vyasa, la diosa Parvati preguntó al dios Shiva: «¿Quién consideras que es el más grande en la Tierra?».

Parvati le dijo a Shiva:

«Me inclino a ti, dios Shiva, eres el dios de los dioses.

¡El gran maestro de este mundo!

Sadashiva, Mahadeva,

y quizá conozca la verdad de ser como tú.

Por favor, dios Shiva, enséñame el camino que tengo que emprender,

para que cada humano, cada ser, sea como tú.

A tus pies, oh dios Shiva, te rezo:

que tu gracia me inunde cada día».

Y Shiva respondió a Parvati:

«Oh querida diosa,

porque te amo, te ofreceré mi enseñanza,

y porque nadie me ha preguntado sobre mí, excepto tú,

estas palabras que te ofrezco son para cualquiera.

El misterio del universo, quiero revelarte:

Dios y Gurú son solo palabras.

La verdad es solo una, y vive en todos,

en ti, en mí, en absolutamente todo».

Lo que nos separa de experimentar «la verdad es solo una y vive en todos», nos dijo el dios Shiva, es nuestro pasado kármico que deja sus impresiones (*samskaras*) y que canaliza su energía de maneras impredecibles. La acción de permitir que fluya la energía *Shakti* es lo que nos provee de integridad, coherencia y presencia.

Como el peregrino que, al salir del templo, ya no es el mismo que cuando entró, porque su corazón está reconfortado con la creación, está vibrando. Y todo recobra vida: los pájaros, el frescor de la mañana, los rayos del sol. Siente el latir de todo, siente que todo es amor. O como la flor de la luna (*selenicereus wittii*) que hace referencia a la diosa griega de la luna, es una flor del cactus de las selvas tropicales que florece una vez al año y solo permanece florecida durante una noche, inmortalizando así su momento más puro. Como si de una celebración se tratara, ofrece un espectáculo de belleza natural inigualable al abrir sus hermosos pétalos blancos al cielo nocturno bajo la luz de la luna llena. Así, cada año, y solo por unas horas, la flor va desprendiendo un aroma que se asemeja a la de un jazmín.

Parvati, como la flor de la luna, al llegar la noche más oscura del año, y como si de una luna llena se tratase, recibió la luz de Shiva (*maha shivaratri*). Como ella, llegará el día en que florecerás, y te casarás con la luz eterna.

El amor es el movimiento eterno, la vibración que no nace y muere, el respiro inacabado que vive en nosotros, el destello de luz que brilla en nuestros ojos. Nuestra práctica de *vinyasa* es como extraer la esencia perfumada de una flor, que perdura a lo largo de los tiempos. Al respirarla, vuelves al momento, hay éxtasis y belleza. Eres el elixir eterno.

5. Ofrendas de intención

Hace mucho tiempo, en las tierras de la India, hubo un encuentro entre dos de los más grandes devotos de Dios: el divino Rishi Narada y Hanuman, el gran devoto del profeta Rama. La historia nos dice que, una vez, mientras Narada viajaba por un camino en peregrinación hacia un lugar sagrado, vio a un lado a Hanuman. Reconociéndose mutuamente, se saludaron con gran afecto. Hanuman, en su alegría, comenzó a cantar una canción devocional plena de sentimiento místico. Feliz con ello, Narada apoyó su vina, el instrumento musical que era su eterno compañero, sobre una gran roca a fin de alabar con ambas manos la música de su celeste amigo. Entonces, un prodigio divino tuvo lugar: la melodiosa canción de Hanuman hizo que la dura y seca roca se ablandara hasta tornarse líquida. La vina, apoyada sobre la roca, suavemente se sumergió en ella. Poco después, Hanuman finalizó su canción, y la roca retornó a su dureza original. Pero... la amada vina de Narada había quedado atrapada en su interior.

Hanuman, consternado por lo que había sucedido, dijo a Narada:

–Querido amigo, te ruego que me perdones por lo ocurrido. No fue mi intención que la roca atrapara tu vina. Pero no te preocupes, porque voy a cantar otra canción, y cuando la roca vuelva a licuarse, podrás retirar tu vina de su interior.

–¡No!, ¡no! –respondió Narada ansiosamente, y prosiguió–: ¡ahora yo voy a cantar una canción y también haré que la roca se ablande! ¡Ya verás qué bien lo hago!

Hanuman, con la habitual dulzura que reflejaba su rostro, pero no desprovisto de una mirada profunda e inteligente respondió con una sonrisa:

–Como tú lo desees, querido Narada.

Entonces Narada, muy seguro de sí, y luego de adoptar una postura elegante, comenzó a cantar. Y cantó... y cantó... y cantó... hasta quedar exhausto. Pero... la roca no se licuó.

Con lágrimas en los ojos, Narada finalmente dijo:

–¡Oh mi viejo orgullo! ¡Oh mi vanidad! Este ego que me posee me ha engañado una vez más. He querido lucirme ante ti con una bella canción. Por un momento, había olvidado que esta roca no es sino mi propio corazón endurecido. No son solo las bellas palabras, ni la música producida por un instrumento la que es capaz de ablandarlo para que en él ingrese nuestro dios. Es tan solo *Bhakti*, la Devoción pura y sincera del corazón que se halla detrás de esas bellas palabras y de la música melodiosa, la que puede producir ese milagro de milagros. Te pido perdón por mi orgullo, dios Hanuman, encarnación de la Devoción.

Tras decir esto, Narada cayó a los pies de Hanuman con las manos unidas y el corazón pleno de humildad. Entonces, Hanuman cantó una breve canción; breve, pero poseída por el más gigantesco Amor. Inmediatamente, la roca se licuó. Narada, aún con los ojos en lágrimas tomó su amada vina y lentamente la retiró. Hanuman cesó en su canto... y la roca volvió a endurecerse.

Luego, Hanuman, la encarnación de la Devoción, y Narada, el eterno devoto, cantaron juntos la gloria de Dios.

Poco después, se despidieron con un fraterno abrazo. Narada continuó su camino, que lo conducía hacia el más perfecto Amor, habiendo aprendido una importante lección.

Hanuman, por su parte, permaneció en aquel lugar, que eran todos los lugares, porque era el mismo dios Shiva, puesto que él no moraba sino en el mismo Corazón de Dios.

La historia de amor de Shiva y Shakti será la representación del sacramento de una práctica espiritual que sucede dentro de ti. Su separación también se glorificará, como una forma de amarte mucho más profunda, como un suspiro celestial que te conduce hacia el mismo Dios. Tu verdadero propósito aquí en la Tierra es ser la expresión única que emana del alma que en esencia somos. Como las flores que fueron antes semillas, al crecer expresan su belleza de forma distinta, ni mejor ni peor, son auténticas en todo su esplendor.

Los diez pétalos de Shiva y Shakti son las claves prácticas que *Danza del amor* te ha ofrecido para que seas realmente auténtico, honrando tu corazón. Como la princesa Parvati, la encarnación de la diosa Shakti en la Tierra, que practicó Yoga con corazón, tendrás paz en tu interior y te sentirás feliz. Al practicar las claves que has aprendido, entonces, como si de un jardín se tratara, todas tus relaciones florecerán. Cuando te transformes, tu entorno también lo hará y recibirás el amor más puro y bello, pero lo más importante de tu transformación es la honestidad que tengas contigo mismo.

El alma es tu brújula interna y es ella quien te guía en el fluir de las posturas, así como en la vida. Con la práctica del *vinyasa* puedes aprender a vivir la vida que estás destinado a vivir. Esa es la mayor recompensa de esta práctica ancestral. Esa es la linfa vital que da vida al mundo, la creación misma, es *satchidananda*, la siempre consciente y existente dicha. Jesús de Nazaret dijo: «Dios es amor». Tu aura cambiará, según sea el reencuentro entre tu lado espiritual y tu lado humano. Al conectar con tu ser interior, te sentirás progresivamente más relajado, en tu cuerpo y en tu mente.

A partir de esta conexión con tu maestro interior, conocido como *guru purnima*, tu vida empieza a brillar. Cuando lloramos nos permitimos llorar, cuando abrazamos nos permitimos abrazar, cuando amamos nos permitimos amar. Cuando nuestro cuerpo siente amor, no es posible describir lo que se siente, pero amar es la acción más humana y espiritual que podemos tener en la vida.

En el *ashram* donde residí por primera vez, escuché esta frase: «Hagas lo que hagas, sigue tu corazón». Es una frase muy simple pero muy poderosa y llena de verdad. Era muy joven y todavía no conocía las prácticas milenarias del Yoga, pero salí con lágrimas en los ojos y me sentí unido a todo. Me sentía dichoso, porque quien me lo dijo era un gran maestro de Yoga y pude ver el infinito en sus ojos y su rostro lleno de luz, por eso me conmovió. Sus palabras venían de la certeza de que ese es el camino para ser libre y feliz.

Con el tiempo me di cuenta de que al principio no me fue fácil seguir mi corazón, me asustaba lo que a veces me decía, me producía miedo, pero con la práctica, con mi *sadhana*, aprendí a escucharlo, a hacerlo mi fiel guía, y las bendiciones que recibía en mi vida al seguirlo eran inimaginables. Con el tiempo, coseché más confianza en su sabiduría y, poco a poco, el espacio entre mi corazón y mi mente se estrechó. El corazón me reveló y me revela lo que realmente quiero en cada momento, hablando desde el silencio, a través del cuerpo, de la energía y de la intuición.

El camino de crecimiento espiritual no siempre es fácil, porque se necesita mucho enfoque para que crezca la semilla: «Quiero ser mejor y al mismo tiempo abrazar mis imperfecciones». Sin embargo, la belleza de la vida es justo eso: soñar e imaginar que es posible una vida mejor, mientras la vivimos tal como es ahora. La esperanza siempre está presente. Ten fe.

Cuando desarrollamos una conexión íntima con *prana Shakti*, podemos sentir incluso las tormentas en medio del verano como bellas, aportando a nuestro corazón paz, y sentimos la gran presencia que todo lo impregna. Esos son los frutos que nos da la práctica de *vinyasa* como una forma de conectar con nuestra esencia, con nuestra alma y comprender su lenguaje, que se expresa a través de la energía en cada lugar, en cada persona y en cada momento. Cuando veas la belleza que reside en tu interior, podrás ver y admirar la belleza que está en los demás.

Según la visión del Yoga, somos seres vibratorios, y la salud de nuestras relaciones reside en la vibración que emanamos. Cuando trabajamos y armonizamos nuestra frecuencia vibratoria para que esté más alineada con nuestro corazón, atraemos la vibración que transmitimos. Si eres la frecuencia del amor, todo en tu vida será amor. Si eres la frecuencia del miedo, todo en tu vida será miedo. Si irradias el amor de la unión de Shiva y Shakti, regresan a ti con mucha más fuerza y los recibes como bendiciones. Todo está en tu práctica.

Cuando nuestro corazón está plenamente abierto y sentimos una gratitud profunda por la vida que estamos viviendo en estos momentos, atraemos una mayor abundancia y nuevas posibilidades se nos presentan sin esfuerzo, de forma milagrosa. Como nos indica el *Hatha Yoga Pradipika*, la espiritualidad despertará cuando seamos alma y consciencia pura:

> Si uno aprende a no pensar en cosas externas y simultáneamente mantiene alejados los pensamientos internos, experimenta el *samadhi*. Cuando la mente se disuelve en el mar del alma, se alcanza un estado absoluto de existencia. Esto es *kaivalya*, la libertad de la emancipación.

Patañjali nos regala una valiosa explicación: nos recuerda que la práctica debe culminar con ser el alma, la consciencia misma, y aconseja a los practicantes de Yoga que, aunque el objetivo de la práctica es conseguir un estado de paz y equilibrio interno (*mitahar*), no pueden dejarse engañar por esa tranquilidad (*yogabhrastha*).

Todas las almas tienen el potencial de ser grandes almas y el crecimiento espiritual requiere de nuestro corazón. Nuestra alma es esa parte que añora armonía, que ve la vida como sagrada, y eres auténtico si elijes alinearte y fluir con ella, porque te amas. Tu esterilla desenfundada se convierte en un ritual mágico, en un baile cósmico, en una forma de sentir y ser en el mundo, para acceder a la felicidad y al amor: eso es ser un yogui.

Por lo tanto, *vinyasa* se convierte en una danza sagrada que nos permite abrirnos a una escucha más real, más libre y armoniosa de los ecos más lejanos del universo que se escuchan en nuestro interior. La música del amor y la danza es lenguaje del alma, es el movimiento interno y externo, que desde lo profundo abraza lo más íntimo, unifica la belleza más allá de la forma, la libertad del movimiento y la espiritualidad a través del cuerpo. En tu interior, hay un lugar más profundo que quiere sentirse realizado: es tu alma quien quiere saber que tu vida ha merecido la pena, porque has dejado el planeta mejor que cuando llegaste. De este modo, has transformado toda tu existencia.

Crecimos en un mundo donde nos enseñaron que la felicidad y el amor están relacionados con lo material, con la consecución de metas, de estatus, de prestigio; sin embargo, lo que realmente nos trae es más sufrimiento, porque no hay una vida más honesta ni más significativa que vivir el propósito vital que nace desde nuestro corazón (*dharma*). La verdadera felicidad está en la presencia amorosa, que, como si fuera una esencia perfumada, lo impregna todo. Eres la presencia de la unión, de la energía y del alma, de Shiva y Shakti: esa misma presencia la compartimos todos.

Aprende a sentirte y no olvides que, al deshacer cada vez más el escudo kármico alrededor de tu corazón, tendrás la capacidad milagrosa de liberarte de tu estado actual basado en cargas del pasado (*samskaras*). La memoria kármica en nuestro cuerpo nos bloqueará, porque no puede fluir con lo que toca fluir. Ahora bien, si eres honesto contigo mismo y te respetas, dejarás de sufrir, porque ya no te resistes a que el amor fluya a través de ti. Sueltas lo que toca soltar y te purificas. Si aceptas esto como verdadero, darás acceso a una transformación en tu vida, que se llenará de bendiciones.

No tengas miedo a vivir, arriésgate y exprésate, porque has convertido la *sadhana* que practicas en algo sagrado. Un ritual, un milagro donde el universo se recrea con movimientos realmente bellos. Notarás que todo vibra en amor, desde las hojas de otoño a la lluvia que baña los valles. Sentirás olas de amor en todas las cosas, en cada persona y en tu propio corazón y cuerpo, porque detrás de las formas solo existe el amor, al que te entregas en este instante. Danzas alrededor del fuego, bajo las estrellas, danzas en la *sadhana*. Te convertirás en un yogui auténtico, en el maestro del amor.

Tu cuerpo es el altar del alma, un altar donde reluce tu luz más pura. Entonces, tu corazón es como una vela que se contrae y se expande, pero que nunca se apaga porque te cuidas y practicas. La luz eterna vive en nuestro cuerpo y su vibración de amor es la del universo. Quererte, con defectos y virtudes, cimenta tu existencia sobre la gratitud y el honor. Aceptarte como fuiste creado te hace sabio y te conduce a una vida iluminada, donde serás su manifestación más pura. Aunque haya personas que no te amen, tu amor nace de tu interior. Si practicas *vinyasa* como un ritual hacia el altar interior, donde yace tu alma, tu vida brillará y siempre desearás compartir con los demás el amor que desprendes.

Con estas palabras, quiero susurrarle a tu alma lo que me enseñaban y quiero que se asienten en lo más profundo de tu corazón.

Cuando te enseño, no estoy transmitiendo información conceptual, porque sin la experiencia directa es una carga de conocimiento. Como la pintura de una vela encendida, no puedes usarla para eliminar la oscuridad. Mi intención es llevarte a la experiencia directa de la Presencia trascendente, *más allá del tiempo*, porque cuando se manifiesta en el tiempo es una Presencia hecha energía, que fluye.

Esta experiencia es la boda mística entre Shiva, la consciencia pura no manifestada, y Shakti, la energía pránica, la consciencia manifestada, encarnándose como Sati y Parvati, que ilustra y crea una apertura a la experiencia directa de la unidad, y que no puede ser vivenciada por los miles de libros que hablan sobre ella. Esta es la experiencia directa de encarnar el espíritu, donde tu cuerpo se convierte en un templo, en la morada del espíritu, y se vuelve luminoso. Brilla, porque te estás transformando a una dimensión completamente nueva. Después de esta conexión sentida con la Presencia que eres, la Fuente de todo, los puntos intelectuales desconectados y dispersos se ordenan milagrosamente y ya están conectados. Descubres el poder oculto de la Presencia que eres, te abres al camino hacia la Fuente. Has aprendido a sumergirte en la danza, en la Presencia sagrada hecha de amor, que se manifiesta en cualquier forma, momento y lugar. Logrando que tu vida se llene de armonía, de alegría y dicha y que tus relaciones sean la más bella manifestación del amor que eres. Presencia y Dios ya no son conceptos vagos y especulativos, pues se convierten en una realidad. Has descubierto el poder de Dios, de la Presencia que eres.

Créeme, con el tiempo el amor se convierte en una habilidad y sus formas de conectar con tu entorno serán más fluidas. Serás más auténtico, porque con tu práctica de *vinyasa* estás descubriendo tu esencia: quién eres en realidad, por ello un nuevo caminar y una nueva forma de vivir se abren para ti.

Cultivar las semillas del amor es la práctica desde el corazón. Tanto las relaciones que tienes, así como tu propia práctica de *vinyasa*, son la oportunidad que te das para florecer cada vez más. Al respirar su esencia, tu presencia se siente en el amanecer de un nuevo día, de un nuevo porvenir.

Si somos la unión entre Shiva y Shakti, nuestra alma quiere conectar con otros *shivas* y *shaktis* y danzar juntos. En la danza dejas de existir en el pasado y en el futuro, solo eres danza, todos lo somos y ella misma te lleva y te ama. Tu sinfonía interior fluye con libertad, porque en realidad solo hay un movimiento en todo el universo: el de la consciencia pura manifestándose de forma única en cada uno de nosotros. Estas son las mismas enseñanzas del Buda, Jesús o Moisés, pero las practicas desde una perspectiva yóguica. En muchas ocasiones, en el *ashram* nos decían estas palabras:

Absorberse en la sensación sentida es la puerta a las improvisaciones y variaciones fluidas en la práctica *vinyasa* para ser guiados por el *prana*. Pasas de hacer la postura a ser guiado por el *prana* y hacer posturas, y el *prana* te guía a hacer flexiones, torsiones, extensiones, micromovimientos, porque la batuta la tiene el *prana*, no tú. Te abandonas a su gracia, a su sabiduría divina, tienes fe. Pasas de «la energía sigue a la atención consciente» a «la atención consciente sigue a la energía». Se produce una danza sagrada, guiada por la divinidad. Te abres a la vida y a todo su esplendor, a través del flujo de energía llamado *prana Shakti* que busca la unión con la consciencia pura, Shiva. Esa es la gran belleza del *vinyasa*, esa donde despiertas algo más grande que tú en el cuerpo y que en esencia eres, y entras en el río de la vida. Fluyes, tienes vida, estás conectado con el gran océano. Encontrar la sacralidad en nuestras vidas es aprender a abandonarse a la inteligencia del *prana*, y el acceso te lo da la sensación sentida y tu práctica de *vinyasa* como una meditación en movimiento. Tu práctica será sagrada y vivirás en meditación, en amor, fluyendo a cada instante en el día a día. Te dejas guiar por la sabiduría que fluye en tu cuerpo. Eres dicha en movimiento y el amor en acción genera felicidad y libertad.

Al abrirte a la inmensidad del universo, de cada pequeño y gran acto, tu vida será transformada, porque tú eres tu maestro, porque te amas. El ahora será la expresión más bella para ser eterno. Cuando fluyas con tu cuerpo te amarás más todavía, y apreciarás la vida con toda su belleza, porque la vibración del corazón (*spanda*) nos aporta nuevas sorpresas maravillosas.

Comprende que tu amor es el fuego que da calor a tu corazón, y da lugar a un ritual íntimo que te permite volver a tu espontaneidad y te lleva hacia una vida llena de significado, rica y eterna en cada momento, con cada mirada, con cada abrazo, con cada sonrisa.

Si bailas alrededor de un gran fuego bajo el cielo estrellado, te sentirás parte de la creación. Si aprendes el arte de fluir, serás feliz, y todo lo amarás. Estás abierto a recibir la gracia, el amor, como dice el Antiguo Testamento: «Goteará como la lluvia mi enseñanza; destilará como el rocío mi presencia; como la llovizna sobre la grama, y como las gotas sobre la hierba». Tu alma florecerá y serás auténtico mostrándote único a cada instante, como dice el antiguo texto védico, *Atharvaveda*: «La luz única se manifiesta de diversas formas».

Intención de amar con el corazón

Con las manos en el corazón, oh Shakti, lentamente estoy adentrándome en tu sentir, estoy adentrándome en una relación genuina con la creación, con la consciencia pura que todo lo abarca, es y me une. No hay nada que me impida verlo todo sin ningún interés, sin ninguna elección personal a favor o en contra. Soy quietud. Estoy en paz con todo lo que es, tal como es. Observo la danza de la energía, mientras se manifiesta a través de las formas, posturas y movimientos de mi cuerpo.

Mi cuerpo está lleno de luz y mi corazón está lleno de amor, mientras el poder luminoso manifiesta libremente su celestial gloria primordial en la divinidad.

Mi cuerpo baila ahora con total libertad, con los movimientos que están directamente orquestados por el cuerpo sutil de Shakti, la sabiduría intuitiva que me conduce a dios Shiva y a manifestar juntos la danza universal. Me siento lleno de Shakti. Me siento lleno de Shiva. Cada célula de mi cuerpo es luminosa, brillante, con su resplandor eterno.

Mi cuerpo es el jardín de rosas para que ella manifieste su gloria y me guíe a tu eterna esencia que se respira en todo. Que esta tendencia de la mente de querer hacer y controlar se abandone y se rinda a la pureza cristalina y a la gloria divina de la diosa Shakti. Que tus misteriosos poderes se apoderen de todo mi ser y me llenen de éxtasis, euforia y de tu amor. Con gracia me hago a un lado, para que la diosa Divina se haga cargo por completo de mi cuerpo y lo infunda con la gloria suprema de tu belleza. Que este encuentro místico con tu radiante forma celestial sea la metamorfosis de mi vida en este plano.

Con las manos en el corazón, oh dios Shiva, te invoco también en este momento, para que aprenda a amar incondicionalmente y me acepte tal y como soy. Cuanto más presente estás en mi vida, más fluye el Amor incondicional que soy, más amor llega a mi vida, haciéndome sentir que tengo todo lo que quería para disfrutar aquí y ahora, en tu existencia de amor puro.

Con tu presencia de amor, me haces sentir pleno y lleno de respeto y a gusto con mi cuerpo, siendo perfecto tal y como es. Te invoco para que me lleves a deshacer mis miedos y me permitas creer en mí, porque, cuando tengo miedo, mi vida se nubla, se hace oscura y empiezo a sufrir.

Dame la fuerza, oh dios Shiva, para purificar mi karma, deshacer los bloqueos que me hacen perder las bendiciones del presente, liberar mi corazón para que mis emociones estén en perfecto equilibrio. Contigo, decido atraer lo bueno a mi vida, perdonar los actos del pasado, y superar las creencias negativas que tengo sobre mí y los demás. De ahora en adelante, oh Shiva, guíame junto con tu Shakti, te permito que brilles en mi interior, como luz eterna.

Hoy, oh dios Shiva, este preciso momento es mágico en todo su esplendor. Justo ahora, fluyes en mi corazón y me haces sentir merecedor de tu amor en todas sus formas y expresiones, ofreciéndome en cada día una nueva oportunidad de amarme y poder amar a cada persona, en cada momento. Contigo, amo más, acepto mis defectos, me abro a tu inmensa paz y me convierto en la amabilidad con los otros.

Dios Shiva, te invoco ahora para pedirte que tu gracia me guíe hacia tu luz. Para sentirte en el cuerpo como energía hecha de amor, tu creación en todo, porque tu Amor es la única verdad de toda la existencia. Con las manos en el corazón, abro mi corazón a la luz de Shiva para recibir la gracia de saber amar como tú, de crear, de ser el mismo impulso que hace que todo sea posible, de ser la misma creación. Recibo la gracia de amar la vida sin el filtro del pasado, sin creencias, sin miedos, y recibo la gracia de fluir en la vida como un acto sagrado de amor.

Con las manos en el corazón pongo la intención para amar a cada instante y para danzar juntos haciendo de cada momento un momento sagrado, sin resistencias, fluyendo. Gratitud por hacerme tu instrumento y para que toques la música de tu amor. Te invoco, oh dios Shiva, para que me hagas como tú. Gratitud por darme tanto ahora y siempre y por sentir que el camino del amor, tu amor, es descubrir que la felicidad es lo que realmente soy.

Intención de fluir hacia la libertad

Me gustaría que lentamente dirijas toda tu atención hacia tu corazón, desde la quietud y el silencio, tomando contacto con un anhelo profundo de tu alma, que te susurra estas palabras:

Cada día me siento lleno de salud y energía.
A cada momento, busco y disfruto la armonía y el equilibrio
en todas las facetas de mi vida.
Me amo completamente y me cuido, sabiendo que soy mi mayor
tesoro, siempre.

Siéntelas y, siendo plenamente consciente de tu respiración, percibe la sensación del aire en su paso a través de las fosas nasales, y observa la temperatura, observa si puedes percibir algún aroma al inspirar y quizá percibas cualquier fragancia que pueda llegar a ti. Vuélvete ahora consciente del ritmo de tu respiración, evita alterarlo o modificarlo, deja que la respiración fluya, natural, libremente, y observa el movimiento que la respiración genera en tu cuerpo, en tu abdomen, en tu pecho, percibe el movimiento que la respiración genera en todo tu cuerpo a la vez.

Toma consciencia de la presencia de tu cuerpo sentado, de la respiración natural. Percibe el apoyo de los talones, de las piernas, las rodillas, los muslos, las nalgas y el contacto de la espalda, los hombros, el cuello y la cabeza. Lentamente percibe tu corazón, su latido, *cómo se contrae y se expande. Percibe su ritmo.*

Imagina ahora que estás caminando por una playa hermosa, con un cielo azul, una arena blanca muy suave, el mar es de un azul transparente. Hay sol y no hace calor, estás perfectamente cómodo. Oyes a los pájaros que sobrevuelan, casi tocando el agua. Siente tus pies tocando esta suave y tibia arena blanca. El ambiente es tranquilo y seguro. Caminas sosegado y estás solo, no hay nadie. Puedes incluso sentir la brisa fresca en tu cara, en tus manos y en tu cabeza. Los rayos del sol brillan y te calientan, una sensación perfecta. Te detienes a ver la expansión y la majestuosidad del mar frente a ti. Puedes ver los distintos tonos de azul desde la superficie hasta las capas más profundas. Las pequeñas olas te permiten ver burbujas brillantes. Los tonos de azul se mezclan en la distancia. Escuchas con atención y, con el nacimiento de cada ola, puedes escuchar un sonido casi igual a tu respiración. La respiración de la Tierra.

Lentamente, te giras y puedes ver a lo lejos un templo. Un gran templo en honor al dios Shiva. Te diriges hacia allí y puedes ver que tiene un camino hacia la puerta principal. Parece un lugar tranquilo y seguro. Está cayendo el sol, brillante y sereno. El camino que va hacia el templo tiene árboles a los lados y flores de muchos colores. Se siente la calma. Al llegar hay un arco enorme, de oro, precioso. Subes unas escaleras de mármol, que te invitan a recorrer el templo.

Al subir las escaleras te das cuenta de que tienes una mochila en la espalda. La sientes porque pesa mucho. Está llena de miedos, de preocupaciones y de memorias. Está cargada de todos los sentimientos que te cuesta expresar y de todas las circunstancias que te cuesta soltar. La has llevado durante muchos años, pero no te habías dado cuenta de que ha sido mucho tiempo y, ahora, al estar dentro del templo, te parece que pesa más. Esta mochila es la que te ha cansado tantas veces dejándote sin energía. Tus hombros y tus rodillas comienzan a mostrar las marcas que te está dejando.

Decides abrirla para sacar toda esa carga kármica, todos los problemas, todas esas preocupaciones. Mientras los estás sacando, te sientes cada vez más liberado, cada vez más ligero. Ahora, es más cómodo pasear por el gran templo, porque te sientes más ligero. Con cada paso que das recorriendo sus pasillos dorados, te sientes más en paz, más alegre, más feliz. Esta nueva sensación la vives con libertad, alegría y paz, mientras tu rostro y tu mirada se relajan.

Llegas a la sala principal, llena de velas e inciensos. Te encuentras en una habitación enorme, en la que hay una estatua de Shiva con flores a su alrededor y vistas al mar. Frente a la estatua, hay una esterilla, allí te sientas tranquilo y en paz. Ves la línea del horizonte, el infinito donde tu mirada se pierde, y ahora se instala en ti, la dicha en cada célula de tu cuerpo. Sientes la calma de estar en casa, porque todo a tu alrededor es tuyo. El mar y las vistas. Puedes respirar profundamente.

Percibes la inmensidad más allá de la Tierra, del universo y sus galaxias, con sus soles, sus planetas, sus estrellas, como si pudieras extender tus brazos hacia el infinito y atraer hacia ti toda la energía de los astros. Una energía limpia, pura, brillante, sanadora, te llega directamente desde el cosmos, bañando todo tu cuerpo de luz plateada y brillante como el reflejo en la luna y de las estrellas. Percibes su pureza, la luz que te irradia, como una gema luminosa y que se desvanece en millones de puntos de luz de mágicos destellos. Sientes los rayos del sol cálidos sobre tu piel y observas cómo iluminan el verde del prado, creando pequeñas chispas de luz y de amor.

Toda la vida del bosque que hay alrededor del templo responde a tu vibración y cientos de mariposas de alas verdes sobrevuelan dibujando formas y figuras, danzando al compás de la alegría y la gracia, embelleciendo el paisaje con los destellos de sus alas. Sientes el amor con el que el mundo ha sido creado y continúa creándose a cada instante y notas que tu corazón responde a esa vibración de amor y se expande, creando un puente de ternura con el mundo que hay a tu alrededor.

Ahora lentamente, al emanar amor y luz, respira, siente tu corazón e imagina que vuelves al templo, a tu templo interior, y dejas tus ofrendas en el altar en honor a Shiva e invocas el mantra universal de Parvati «*om namah shivaya*», así como tu intención más sincera para que se escuche por los rincones más lejanos del universo y más cercanos a tu ser.

Hoy, oh Shiva,
al sentirte en mi corazón manifestaré el amor
en cada acción que realice,
para que todo lo que haga se ilumine
y se convierta en un momento sagrado,
en un acto de amor incondicional;
la expresión más pura de amor hacia ti,
siendo más libre y feliz.

Gracias por manifestarte como la energía de amor que mueve mi corazón, por ser la vibración que brilla en el destello de cada instante y que conmueve a cada persona. Por ser el mismo impulso que fluye en las posturas y me permite amar a las personas, así como por ser la vibración más profunda de mi corazón. Gracias por ser la eterna consciencia y presencia que ilumina mi camino y haces de nuestros sueños los más bellos de nuestras vidas. Gracias por hacer de cada momento un milagro y sentir la inmensidad con toda tu luz resplandeciente, cálida e infinita en mi corazón.

Te amo incondicionalmente. Hoy es el día más bello de la Tierra; hoy, mil pétalos caen del Cielo y bailamos juntos en éxtasis. Hoy, nuestras lágrimas de dicha se convierten en semillas de amor, haciendo de nuestra vida un paraíso con cada caricia y cada aliento. Hoy, tu presencia y mi presencia son sagradas y el aroma de las flores llega con la brisa. Hoy, nuestros ojos brillan y brillarán siempre, como estrellas, al ritmo de toda la creación y eternidad. *Om, shanti, namasté.*

Agradecimientos

Deseo expresar mi gratitud a Karla Merentes, por ser el coraje y la fuerza de este libro. También deseo dar las gracias a Eric y Natasha Reynolds, Emma Rubio y Alejandra Siroka, por su generosa y amorosa atención recibida durante la elaboración de este libro.

También deseo dar las gracias desde lo profundo de mi corazón a mis primeros maestros de *vinyasa yoga*, quienes han hecho posible, hoy en día, la expansión vanguardista del *vinyasa* en el mundo desde su esencia espiritual y tradicional. Y deseo expresar mi afecto profundo a mi familia espiritual del *ashram* de California: mis hermanos y hermanas del camino, por todo lo vivido juntos, por acompañarnos y dar sentido a nuestras vidas.

Desde la admiración y el respeto, quiero dar las gracias a todas las amistades y alumnos que tuvieron la confianza y fe en dar a conocer las enseñanzas ancestrales presentes en esta obra. Y mi profunda gratitud a todo el equipo Kairós, por su profesionalidad y dedicación a la hora de dar vida a *Danza del amor*.

Y finalmente, deseo dar las gracias desde mi alma a mis padres por concederme el sentido espiritual y humano a mi corazón y a la tradición milenaria del Yoga por transformar mi vida y mostrarme cada día, con su luz eterna, el camino hacia la libertad interior, el amor incondicional y la felicidad plena.

Bibliografía

Abhinavagupta. *Paratrisika Vivarana* (traducción Jaidev Singh). Delhi, India: Motilal Banarsidass, 1996.

Avalon, Arthur/Sir John Woodroode. *The Serpent Power*. Mineola, NY: Dover Books, 2000.

Ashley-Farrad, Thomas. *Shakti Mantras: Tapping into the Great Goddess Energy Within*. Nueva York City: Ballante Books, 2003.

Bühnemann, Gudrun. *Eighty-Four Asanas in Yoga: A Survey of Traditions*. Nueva Delhi, India: DK Printworld Ltd, 2007.

Chandogya Upanishad. Con comentarios de Shankaracharya. Traducción de Swami Gambhirananda. Calcuta, India: Advaita Ashrama, 1983.

Chopra, Shambhavi. *Yogini: Unfolding the Goddess Within*. Delhi, India: Wisdom Tree Books, 2006.

Desikachar, T. K. V. y Kausthub Desikachar. *Yoga Taravali*. Chennai, India: Krishnamacharya Yoga Mandiram, 2003.

Frawley, David. *Yoga and the Sacred Fire: Self-realization and planetary transformation*. Twin Lakes, Wis.: Lotus Press, 2004.

Johnser, Linda. *Daughters of the Goddess: The Woman Saints of India*, Saint Paul, Min.: Yes Publishers, 1994.

Jois, Sri K. Pattabhi. *Yoga Mala: Las enseñanzas originales del Maestro de Ashtanga Yoga Sri. K. Pattabhi Jois*. Buenos Aires: El Hilo de Ariadna, 2017.

Mohan, A. G. (trad.), con Ganesh Mohan. *Yoga Yajnavalkya*. Madrás, India: Ganesh & Co., 2013.

Räisänen, Petri. *Ashtanga Yoga: La práctica de yoga según el método de Sri Pattabhi Jois*. Barcelona: Editorial Kairós, 2014.

Ramakrishna, *The Gospel of Ramakrishna*. Chennai, India: Sri Ramakrishna Math, 2000.

Satchidananda, Sri, *Los Yoga Sutras de Patañjali* (traducción al español). Estados Unidos: Integral Yoga Publications, 2013.

Satguru Sivaya Subramuniyaswami. *Dancing with Shiva*. India y Estados Unidos: Himalayan Academy, 1993.

Schäfer, Lothar. *Infinite Potential: What Quantum Physics Reveals About How We Should Live*. Nueva York: Deepak Chopra, 2013.

Shankaracharya. *Saundarya Lahiri* (traducción V.K. Subramanian). Delhi, India: Motilal Banarsidass, 1986.

Upanishads. *One Hundred and Eighty Eight*. Delhi, India: Motilal Banarsidass, 1980.

Vijnana Bhairva (comentarios de Lakshman Joo). Vanarasi India: Indica Books, 2002.

Sadhana sagrada

Nuestra práctica de Yoga es aquella donde el Amor
está presente, y de ella florece la voluntad, el propósito
y la bondad en todas nuestras acciones.

Nuestra práctica de Yoga es aquella
donde el cuerpo y el alma se fusionan al ritmo de la creación,
haciendo que nuestra belleza se exprese
con alegría, pasión y felicidad.

Nuestra práctica de Yoga es creativa, única e íntegra,
haciendo de nuestras vidas una realización gozosa
por el resto de nuestra existencia.

Nuestra práctica de Yoga es una celebración constante,
siempre sintiendo nuestro corazón, y con él,
enriquecemos la naturaleza y a los animales
para un mayor equilibrio, respeto y armonía.

Nuestra práctica de Yoga es el fuego que ilumina la noche,
el reflejo de nuestra libertad y autenticidad en cada momento,
sin miedo, con coraje y pureza interna.

Nuestra practica de Yoga es la danza entre el Cielo y la Tierra,
haciendo que las aspiraciones más nobles y profundas
de miles de seres humanos se hagan una realidad.

Y de ellas nazcan, aquí y ahora,
entre estrellas y soles, entre éxtasis y plenitud,
y entre lágrimas y sonrisas,
la gratitud infinita, la dicha eterna, así como la forma
de comunicación más poderosa jamás conocida
en todo el Universo: la de amar incondicionalmente.

Om, Shanti,
Namasté

Declaración de intención

Desde la publicación de *Cuerpo consciente: hacia un yoga integral* (Editorial Kairós), la primera obra de Denis Criado, la intención ha sido la de transmitir las enseñanzas milenarias del Yoga desde su esencia y poder espiritual para la transformación de nuestras vidas, tal como proponen los linajes de Yoga ancestrales.

Estas obras, junto con *Danza del amor: el fluir del vinyasa yoga* (Editorial Kairós), están escritas desde el amor para despertar el amor que somos. La energía generada con *Cuerpo consciente* ha transformado la práctica y las vidas de miles de practicantes de Yoga en todo el mundo.

En diciembre del 2021, Denis Criado decidió destinar los derechos de autor generados por su primera obra para promover los proyectos sociales de Dharmashala Yoga, un espacio fundado por el autor con el fin de promulgar el bienestar holístico global y espiritual a través de la tradición ancestral y los valores universales del Yoga.

La expansión de sus actividades incluye la colaboración solidaria y afectuosa con la Fundación *Ramuni Paniker Trust*, la cual tiene como objetivo ofrecer becas a chicas y chicos de las zonas rurales de Kerala, India, para que tengan la posibilidad de acceder a una formación de estudios superiores.

Gracias a tu generosidad, compasión y fe en la sabiduría ancestral, juntos hacemos de nuestro mundo un lugar mejor.

Jai Sita Ram, Jai Hanuman